江西理工大学清江学术文库
江西省高校人文社会科学项目（编号：JC18208）阶段性成果

语用学理论与应用分析

汪婷婷　著

北　京
冶　金　工　业　出　版　社
2023

内 容 提 要

本书主要介绍语用学的学科发展史及相关理论，并将理论应用于多种类型的文本分析中，如教师话语、新闻报道、红色歌谣、赣南采茶戏、文学作品等，希望对学习语用学感兴趣的读者有一定的参考价值。

本书适合高校英语专业本科生、英语教师及语用学爱好者阅读参考。

图书在版编目(CIP)数据

语用学理论与应用分析 / 汪婷婷著．—北京：冶金工业出版社，2021.10（2023.11 重印）

ISBN 978-7-5024-8657-0

Ⅰ.①语… Ⅱ.①汪… Ⅲ.①语用学—研究 Ⅳ.①H030

中国版本图书馆 CIP 数据核字(2020)第 257185 号

语用学理论与应用分析

出版发行 冶金工业出版社　　**电　话** (010)64027926
地　址 北京市东城区嵩祝院北巷 39 号　　**邮　编** 100009
网　址 www.mip1953.com　　**电子信箱** service@mip1953.com

责任编辑 杨盈园　美术编辑 郑小利　版式设计 禹 蕊
责任校对 郭惠兰　责任印制 禹 蕊
北京富资园科技发展有限公司印刷
2021 年 10 月第 1 版，2023 年 11 月第 2 次印刷
710mm×1000mm 1/16；10 印张；191 千字；147 页
定价 66.00 元

投稿电话 (010)64027932　投稿信箱 tougao@cnmip.com.cn
营销中心电话 (010)64044283
冶金工业出版社天猫旗舰店 yjgycbs.tmall.com
（本书如有印装质量问题，本社营销中心负责退换）

前　言

作者从2008年开始学习语用学这门学科，并对语用学研究产生浓厚的兴趣。语用学（pragmatics）诞生于20世纪六七十年代，在80年代得到迅速发展与完善，目前已形成了一些经典理论。作为语言学领域里的一个重要的分支学科，也是以语言意义为研究对象的新兴学科，语用学为语言学的迅速发展开辟了新的领域，为解决语义和句法问题找到了新的途径。冉永平在《语用学：现象与分析》一书中指出："语用学研究的是特定语境中的话语生成与话语理解，因此它离不开语言使用的语境因素。"可见，语用学关注的是语言的理解和使用，分析在特定语境下的话语意义，语用学分析的现象与每个人的言语交际都息息相关。

经过多年的学习，本着学以致用、用以促学、知行并进的原则，作者尝试写一本侧重语用学理论应用方面的图书，探索将语用学理论广泛应用于各种类型的文本分析中，尝试以大量贴近生活的实例，如课堂师生会话、新闻报道、日常对话、相声对话、网络段子及赣南地区的红色歌谣、赣南采茶戏等，阐释英语与汉语中的语用现象，以帮助语言学领域的初学者理解语用学理论，感受日常交际中无处不在的语用现象，产生深入学习和研究语用学及语言学理论的兴趣，并尝试从语用学的视角去观察与分析这些语言交际问题。

本书梳理了语用学的学科发展历史，并选取一部分经典理论结合实例进行分析。本书共分为7章。第1章"语用学概述"，主要介绍语用学基本概念、语用学的兴起与发展、语境的概念、语境的分类和功能，旨在使读者了解什么是语用学以及语用学中的重要概念。第2章"语用学核心议题"，包括：(1) 言语行为理论，包括理论的产生背景、产生的过程及奥斯汀和塞尔对言语行为的发展与完善，并对言语行为进行举例阐释，使读者明白什么是言语行为；（2）合作原则及会话含意理论，包括理论的产生与阐释，结合例句进行解释，目的是让读者注意到日常交际中的字面意义与隐含意义的区别；（3）礼貌原则，主要谈及该领域两大经典的理论，即布朗和列文森的礼貌理论和利奇的礼貌原则，使读者了解说话人不直接表达目的或意图的目的，如为了不直接拒绝对方，为了维护双方的面子等。第3章“语用学理论应用于教师话语分析”，首先对教师话语进行概述，然后分别分析了教师幽默话语和教师课堂规约话语范式及功能、教师规约话语范式可接受度以及教师翻转课堂规约话语的比较分析，使读者认识到在课堂话语中，使用适当的语用策略能够帮助提升教学效果，营造良好的师生关系。第4章“语用学理论应用于新闻报道分析”，首先对新闻报道进行概述，然后对英语新闻报道进行研究综述，以灾难新闻为本章节分析对象，介绍灾难新闻报道的概念，进行灾难新闻报道言语行为分析、灾难新闻中人文精神分析、灾难新闻报道者意向分析。第5章“语用学理论应用于红色歌谣分析”，首先对红色歌谣的产生与发展进行介绍，然后对红色歌谣研究进行综述，再对红色歌谣进行言语行为分析，探讨红色歌谣的语用功能，目的在于使读者更加了解红色歌谣，联系实际，学习、传承和弘扬红色文化。第6章“语用学理论应用于赣南采茶戏分析”，对赣南采茶戏进行概述，并对赣南采茶戏研究进行综述，从语用学的视角对赣南采茶戏进行分析，并从文化语用视角解读赣南采茶戏，希望能够引起读者对本土文化中的语用现象的关注，从而推动优秀传统文化的发展。第7章“语用学理论应用于文学话语分析”，对文学语用学进行概述，再对文学话语的语用研究作综述，最后，选取文学话语中的拒绝策略进行详细分析，旨在引起读者从语用学的角度关注文学作品话语中出现的语用现象。

在写作过程中，作者感受到理论阐释的困难，也遇到了很多困惑与不解。要做到深入理解语用学理论并进行全面的分析，对作者来说是一个挑战，在研究过程中，作者查阅了很多资料，在此感谢那些语用学领域的专家们对该领域所作出的巨大贡献，阅读他们的书籍和论文使我能够及时释疑，获益匪浅。

本书是江西理工大学巴基斯坦研究中心项目(编号:JD18 - YB01)、赣州市社会科学研究课题（编号：18416）的研究成果以及江西省高校人文社会科学项目（编号：JC18208)、江西理工大学繁荣哲学社会科学研究项目（编号：FZ19 - YB - 11)、校级学位与研究生教育教学改革研究项目（编号：YJG2018011）的阶段性研究成果。本书获以上项目支持，同时受江西理工大学清江学术文库资助出版。

另外，在本书的撰写过程中，作者参考并引用了大量文献资料和成果，在此特向文中提及或引用的所有文献作者表示由衷的感谢。

本书读者对象主要为高校本科学生、专科学生或其他对语用学感兴趣的读者。语用学理论众多，核心议题很多，要研究分析的交际中的语用现象纷繁复杂，本书作为语用学入门书籍，并未涵盖所有议题。限于本人水平，书中肯定存在许多不足、疏漏、不恰当的地方，恳请各位专家学者及广大读者不吝赐教。

作　者

2021年5月

目　录

1 语用学概述

1.1 引言

语用学诞生于20世纪60~70年代，作为语言学领域一个重要的分支学科，在80年代得到迅速发展与完善，目前已形成了一些经典理论。本章简要介绍语用学的兴起与发展，语境的概念、语境因素及语境的功能。

1.2 语用学基本概念

1.2.1 语用学的兴起与发展

进入20世纪后，哲学领域出现语言学研究的转向，语义问题在哲学研究中得到前所未有的关注。哲学家认为"研究哲学必须通过研究语言来进行"。语言这一研究领域也由此成为20世纪哲学界研究的共同领域。从这一点来看，语用学的产生与发展离不开哲学家们对语言的研究所作的努力与贡献。

在《剑桥语用学手册》(*The Cambridge Handbook of Pragmatics*) 一书中，安德烈亚斯·贾克（Andreas H. Jucker）在 Pragmatics in the History of Linguistic Thought 一文里对语用学概念及语用学学科的发展史进行了详细的阐述。

贾克在文章中指出，人们通常认为美国的逻辑学家、哲学家——皮尔斯（Charles Sanders Peirce）创造了"pragmatism"，即"实用主义"一词，后来由一名心理学家将其作为"皮尔斯原则"引入哲学话语中。皮尔斯将实用主义作为一种研究方法，成为实用主义理论之父。他认为实用主义是一种意义理论，它是基于符号理论以及符号对交际者的行为产生的影响。该理论还关注思想与行动之间的联系。后来，皮尔斯更改了"pragmatism"一词，转变为"pragmaticism"，以区别于詹姆士（James）使用的"pragmatism"。

贾克对语用学概念的发展脉络梳理如下：

美国哲学家、现代符号学（semiotics）创立者之一的查尔斯·莫里斯（Charles William Morris）将皮尔斯的实用主义观点融合到其符号理论（theory of signs）中，并使用洛克（John Locke）创造的术语，将其称为"符号"（semiotic）。今天，该领域通常被称为"符号学"。对于语言学家和语用学者而言，该理论最著名的是语义三角理论。

1938年，莫里斯在他的《符号理论基础》一书中最先开始使用"语用学"

(pragmatics)。莫里斯划分了符号学的三个分支。根据他的观点，符号学主要是由符号关系学、语义学和语用学三部分组成，如图 1-1 所示。

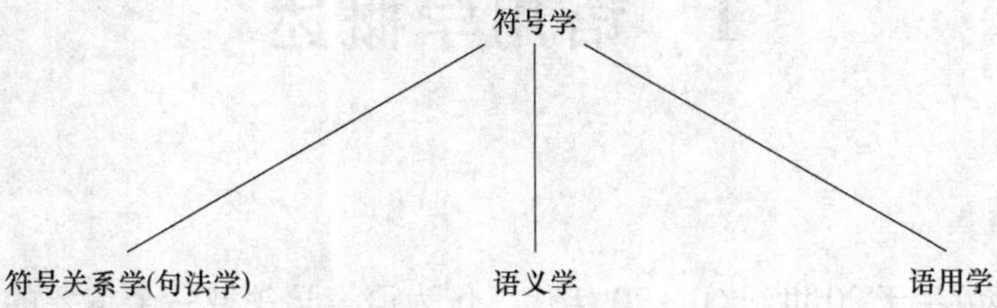

图 1-1　符号学的构成

其中符号关系学即通常所称句法学，主要处理符号间的结构形式的关系；语义学处理符号与所指对象的关系；而语用学聚焦符号与它的使用者的关系。1946 年，莫里斯对语用学这一定义进行了修改，在其 1946 年出版的《符号、语言和行为》中，他认为“语用学研究的是符号的来源、使用以及符号出现在行为中的作用”。贾克在评价莫里斯的语用学概念时认为莫里斯的这个概念极为宽泛。

莫里斯的观点得到了经验主义和逻辑实证主义代表人物——卡纳普（Rudolf Carnap）的支持与补充。卡纳普对语用学和语义学进行区分的观点如下：

If in an investigation explicit reference is made to the speaker, or to put it in more general terms, to the user of the language, then we assign it [the investigation] to the field of pragmatics … If we abstract from the user of the language and analyze only the expressions and their designata, we are in the field of semantics. And, finally, if we abstract from the designata also and analyze only the relations between the expressions, we are in (logical) syntax. (Carnap 1938; quoted by Levinson 1983: 2-3)

他认为，如果只分析说话者或者语言使用者，就可以将它归入语用学领域。如果分析时排除对语言使用者的分析，只分析语言表达及其所指，就属于语义领域。最后一种，如果分析语言表达之间的关系，就属于（逻辑）句法领域。

根据莫里斯和卡纳普的分析，狭义上的语义学分析的是句子和词语本身的意义，不受语境（context）影响，而语用学关注的则是言语使用层面的意义，而意义的理解与传递是具体的，需要与特定的语境相联系，离开语言使用的时间、地点、目的、交际者等这类语境因素，人们便无法明确话语的具体含义，交际也因此出现障碍，难以顺利进行。由此可见，英国的语言学家利奇（Geoffery N. Leech）在他的《语用学原则》一书中所指出的语用学与语义学研究的共同之处简洁而准确。两大学科的共同点在于两者都关注意义（meaning），如图 1-2 所示。但利奇也进一步说明了在研究什么样的意义上两者呈现出差异，并说明了语义学和语用学的区别所在。他指出传统语义学的聚焦点在于语言学规约性意义，而语用学关注的是说话人与听话人如何在具体的语言环境下使用与理解交际对方的话语意义。可见，两者关注的是不同层面的意义。Leech 提出语义学研究二元关系（dyadic relation）的句子意义，解决“What does X mean?”的问题，而语用学分析的是三元关系（triadic relation）的说话人的意义，解决“What did you mean by X?”的问题，语用学与语义学的差异比较见表 1-1。

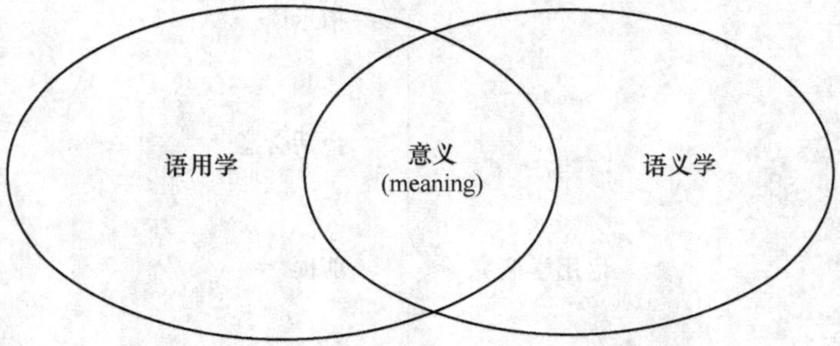

图 1-2 语用学与语义学的共同点

表 1-1 语用学与语义学的差异比较

差异学科	语用学	语义学
句子意义	二元关系（dyadic relation）	三元关系（triadic relation）
解决问题	What does X mean?	What did you mean by X?

通俗来说，前者探讨说话人说出一句话本身的意思，后者关注说话人说出一句话借以表达的意思。因此，语用学关注的是如何在具体语境中传递与理解话语的意义，就是需要去探索话语在语境中的意义，即说话人如何根据具体的交际语境选择合适的语言形式传递意义，听话人又是怎样依赖具体的交际语境来理解说话人所传递的意义。而语义学关注的是某种语言表达本身的特点。经过一番细致的区分，莫里斯与卡纳普最终划分出了语用这一研究领域。

随后，语用学迅速发展。20 世纪 50 年代，英国语言哲学家——奥斯汀（John Langshaw Austin）创立了言语行为理论。20 世纪 70 年代，各类语用学专业杂志的创刊与语用学学术会议的陆续召开，均为语用学这一学科的成立打下了坚实的基础。1977 年，《语用学杂志》在荷兰出版，语用学的学科地位得到正式确认。随着语用学的不断发展，学术界对语用学的理论探讨日益增多，各种语用现象得到更为充分的关注。大量学术文章的发表，语用学专业书籍不断的出版发行，使语用学的发展方向更加明确。1983 年，英国语言哲学家列文森（S. C. Levinson）出版《语用学》(*Pragmatics*）一书，系统阐述了语用学研究的各个方面，勾勒出语用学研究的轮廓，成为语用学的奠基性著作。自此，语用学的研究话题随之增多，范围继续扩大。

概而言之，语用学研究主要包括以下 5 个方面：指示语、会话含意、前提、言语行为和会话结构，语用学研究内容如图 1-3 所示。

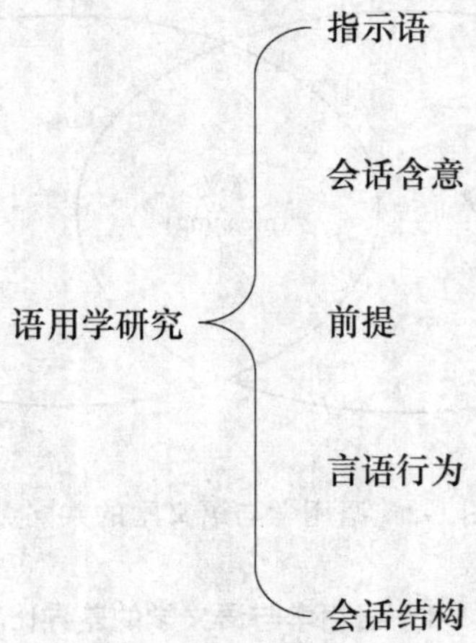

图 1-3　语用学研究内容

这里主要介绍其中部分与本研究密切相关的语用理论，如言语行为、会话含意、合作原则与礼貌原则等。语用学发展至今，研究范围不断扩大，涌现很多新领域，如跨文化语用学、语际语用学、认知语用学、语料库语用学等。语用学的研究开拓出许多新课题，如原型理论（prototype theory)、新时代背景下的语用能力、人际语用学研究——人际语用学视角下的人际关系研究等。

迄今为止，语用领域的研究取得了诸多令人瞩目的成果，但语用学仍属一门相对年轻的学科，在研究中有待解决的理论问题还有很多，待考察的语言现象仍然纷繁复杂，但正因如此，语用学这门学科才更加充满活力。

1.2.2　语境

语境（context）是语用学的重要概念，如果不谈论语境，语用学就无从谈起，原因在于语境影响并制约着说话人与听话人双方对话语形式和意义的传达与理解，人类的言语交际会随着语境的不同而发生变化。可以说，言语交际中的话语意义与其所依赖的语境密切关联在一起。因此，对语言现象进行考察、对言语意义进行解读，便离不开对语境因素的分析。离开了语境，言语的具体意义将变得模糊不清。

1.2.2.1　语境的概念

何为“语境”？这一概念起初是英国的人类学家——马林诺夫斯基(B. Malinowski)(图 1-4) 于 1923 年提出的。这个概念本身极其复杂，很难进行统一界定。马林诺夫斯基通过进行大量实地考察后，深入思考了语言的意义，并对语境进行了分类。在马林诺夫斯基看来，语境包括两类，分别为情景语境和文化语境，如图 1-5 所示。

图 1-4　马林诺夫斯基（Bronislaw Kaspar Malinowski，1884 – 1942）

图 1-5　语境的分类

情景语境是指说话人与听话人进行言语交际时的具体情景，如某一话语表达的前言后语、当时的具体情形等；文化语境指的是话语意义的解读依靠的社会文化背景，如心理背景、文化背景、交际方式、交际者的身份地位、交际话题等。马林诺夫斯基对语境的分析与阐释推动了语境研究的发展。在马林诺夫斯基的语境论的基础上，英国语言学之父弗斯（John R. Firth）继续对语境理论进行了完善，将语境分为由言内因素和言外因素构成的语境，并概括出语境的相关变量，提出“意义语境理论”（contextual theory of meaning），或称“情景语境理论”（theory of context of situation）。在此基础上，英国当代语言学家、系统功能语言学的创始人——韩礼德（M. A. K. Halliday）提出了“语域（register）”的观点，即在特定社会环境下使用的语言变体。在此基础上，国内外学者也提出了一些有价值的观点。如语言学家黄衍认为，语境是语言学文献中极为广泛使用的概念之一，但是学者们却很难给出精确的定义。他从相对中立的角度对语境进行了一个广义的界定。他将语境定义为系统地使用某个语言单位时所在的动态语境（setting）或环境中涉及的任何相关的特征。

1.2.2.2　语境因素

一般语境所包含的因素如图 1-6 所示，在任崇芬、王淑怡的观点基础上进行了改动。

具体而言，可将语境大致分为三类：

一是语言语境，也称作言内语境。它是指人们会话时的前言后语或书写时的上下文。指的是一个句子的具体含义的确定，离不开对前后话语或上下文的分析。例如，有这样一个对话如下：

甲：你昨天晚上去哪里上自习了？

乙：图书馆。

乙的答话属于承前省略，完整的句子应该是“我昨天晚上去图书馆上自习了”。但如果没有上句的提问，只看下一句里面的“图书馆”三个字，听话人就只能了解该词语的字面含义，不能确定说话人在言语交际过程中所要传达的具体意义。因此，有必要通过分析上下文话语来确定句子的具体意义。

二是情景语境。它指的是交际的具体场合下的一些非语言因素，如说话人与听话人交际时的时间、所处的地点、场合、交谈内容、方式、目的等，以及参与交际者的个人信息，如身份、性别、年龄、职业、受教育程度、相互了解的程度等等，这些都构成语境的内容。时间不仅指具体时间，也可指节假日、工作日等；地点指的是交际时是处于私下交流的场合还是公共场合等；交谈内容是日常轻松随意的话题还是严肃正式的话题；交谈方式指的是面对面交谈还是视频、语音、电话通话交流等。交谈目的直接影响到双方交际的方式等。交际双方的个人信息以及相互之间的关系对会话的制约和影响极大。比如：

母亲：你在干嘛？

孩子：我在切西瓜。

母亲：别再玩了。

- 语境
  - 语言语境
    - 口语（前言后语）
    - 书面语（上下文）
  - 情景语境
    - 时间
    - 地点
    - 话题
    - 场合
    - 方式
    - 目的
    - 交际者
      - 身份
      - 性别
      - 年龄
      - 职业
      - 文化程度（百科知识）
      - 相互了解
  - 文化语境
    - 历史文化背景
    - 社会规范和习俗
    - 价值观

图 1-6 语境因素的分类

该对话发生的地点是在家中，是妈妈和孩子之间的对话。孩子手上拿着手机坐在沙发上玩，妈妈看见了，便问孩子，她提问时省略了“拿着手机”四字，完整的句子是“你拿着手机在干嘛?”。孩子的回答是“切西瓜”。按照符合常理的逻辑，切西瓜用的工具应当是水果刀，而非手机。但妈妈和孩子之前一起玩过这个游戏，所以互相都明白。妈妈知道孩子指的是手机里的“切水果游戏”，孩子也知道妈妈能够明白，因此，没有说出完整的句子，而是遵循了语言使用的简洁原则，同样达到成功交际的目的。因此，在言语交际中，情景语境在话语的传达和理解过程中扮演极为重要的角色，是语用学领域重要的研究对象。

三是文化语境。文化语境是指交流中的社会、文化信息，属于非语言因素，如历史文化背景、社会规范、社会习俗及价值观等。说话人与听话人都处于自身所在的社会文化共同体之中，并且具有不同的思维方式和言语交际方式。

何刚指出，文化是人类“共知、共制、共享的信息系统”，文化信息对话语的传递和理解，十分必要且具有权威性；而文化语境取决于此资源系统。该资源系统包括交际所需的重要信息，包括不同国家、不同民族，甚至不同地区的主流文化意识形态提倡的理想、信念、价值观、态度及人际交往原则、态度、偏好、禁忌和言论。这些文化信息是话语传达与理解不可或缺的组成部分。

此外，黄衍根据 Ariel 提出的对语境进行“地理”划分的观点，提出语境可以有三种不同的来源，如图 1-7 所示。

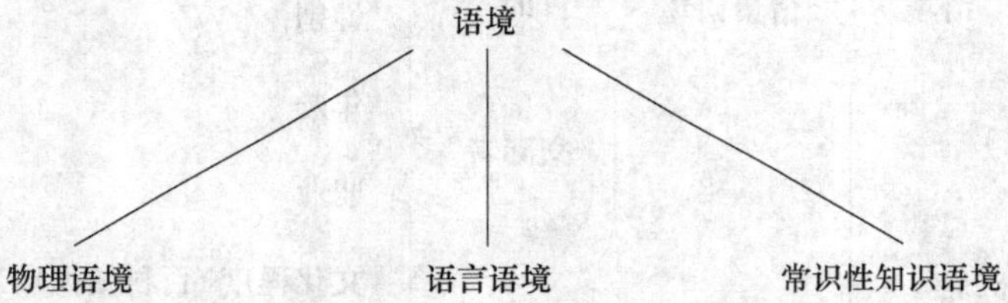

图 1-7　语境的三种来源

第一种是物理（physical）语境。

它指的是交际者说出话语时的物理环境。例如，当说话者说“他的爷爷是一位伟大的英雄”“她的妈妈是一位世界有名的科学家”时，只有通过物理语境，才能得到该句话中的人称指示词“他”和“她”分别指的是哪一个人，以此理解这句话的意义。这就是对话语进行物理上的，即时间和空间上的定位。

第二种是语言（linguistic）语境。

它指的是同一话语所在的前后提及的话语（surrounding utterances）。前面提到的内容在话语的理解中起着至关重要的作用。例如，在省略句中，如果不能获取话语前后的话语，也就是上下文，就很难把握话语的意义。比如当一名学生说“杰克的爷爷”“露西的妈妈”时，很难知道有何特定含义，但如果知道该对话中前一句话的内容，即老师提问：“在咱们班，谁的爷爷是一位伟大的英雄?”“在咱们班，谁的妈妈是一位世界有名的科学家?”，这时就很容易准确地理解学生所说的话语。

第三种是常识性知识语境。

从例 1 和例 2 这种语境中获得的信息能够推导出例 3 和例 4 中的信息在语用

层面，都是不对的。原因在于，鉴于我们对现实世界的了解，对历史、地理知识的学习，我们都知道虎丘是苏州的著名景点，而西湖是杭州闻名世界的旅游胜地。

例 1 Tiger Hill, or Hu Qiu, a few miles northwest of the town, is very popular among visitors. It is supposedly the burial place of the King of Wu. On top of the hill is an imposing structure-the pagoda of the Yun Yan (Cloud Rock) Temple built in 961. It is listed as one of the special historical sites under State protection. The temple courtyard is the highest point on the hill and commands a grand view.

（选自“Suzhou”，龙悦）

例 2 West Lake, named a UNESCO World Heritage Site in 2011, was described as a cultural landscape that has influenced garden design in the rest of China as well as in Japan and Korea over the centuries and reflects the idealized fusion between humans and nature of traditional China.

（选自“West Lake—World Nature Heritage”，杭州，2019 年 11 月 6 日）

例 3 I have been to Hangzhou once. Tiger Hill in Hangzhou impresses me very much.

例 4 I have been to Suzhou once, and West Lake which is the World Nature Heritage, impresses me very much.

这里涉及的是一套说话者和听话者共享的背景设定（assumption）。黄衍援引斯塔纳克（Stalnaker）的“共享背景”（common ground）概念，并指出克拉克（Clark）在此基础上将社团的共享背景知识与个体的共享背景知识进行了区分。社团的共享背景知识，指某个社团的所有成员共享的一套背景设定，而个体的共享背景知识则是社区中的两个成员共享的基于过去对彼此了解的知识。

其中，就个体共享背景知识而言，更为典型的是体现在成人与儿童的互动言语中。例如，在幼儿的成长过程中，与其最亲密的人总是能够最迅速、最准确地理解幼儿话语表达的意义，从而使幼儿的交流、表达产生实际有效的交际意义。以下这段“小狗镇变迁记”，引自微信朋友圈中一位母亲记录五岁孩子所说的话语：

例 5 小狗镇变迁记

娃的小狗镇里啥都有，是她的心灵地图和小世界。随着她听的故事看的书在变化，小狗镇也一直在变化，最初的居民人物名字我居然都想不起来了……赶紧记录一下现在的小狗镇现状，不知道明年又变成啥样了。

小狗镇最近最活跃的是吉娃娃达西西（好像之前叫小美），还有人鱼狗秀智（音译，貌似迷你特工队的）、佩琪、二维码，有个鹦鹉袍落比，有个慈母龙妈妈，她的恐龙宝宝叫无名氏，有个神兽叫塔里木，但是它不伤害人。有段时间经常小狗大战恐龙。

今天让我惊掉下巴的是，小狗镇居然出现了一个臭鼬，叫紫罗兰！“一股臭味迎面而来，原来是达西西的臭鼬朋友紫罗兰，呛得达西西直咳嗽”，问为什么臭鼬叫紫罗兰？“因为它的尾巴长得像紫罗兰”。啊呀，一股清流……

“松鼠祺祺在亚麻田里看得一清二楚。”

“小蜜蜂宝宝朝着吵吵闹闹、诡异的房间大喊了一声，它让熊们安静下来。”

“大家都很伤脑筋，因为沼泽离森林太远了，”

……

小狗镇本来邻居有小猫镇和小狐狸镇，现在，多了个臭鼬镇。

在其他人看来，孩子的零碎话语似乎并无逻辑和意义，但对于最为熟悉孩子的母亲来说，正是基于前期她对孩子的了解，互相之间有这样一种共享背景知识，母亲才能够将孩子零散的话语表达清晰地解读出来，并有条理地整理出来，从而产生交际意义。

1.2.2.3　语境的功能

语境已经成为语用学理论中的重要概念之一。从以上对语境的分类可见，语境在言语交际中对话语的传达和理解起到关键作用。语言学家们也已经充分认识到语境的作用。英国语言学家——梅（Mey）在《语用学引论》一书中指出，从语用角度来说，语境的决定性作用在于它能够让人们在说出某一语言结构时，不需要叙述出整个烦琐的细节，就能够将我们的语言资源进行最大化的发挥，即充分表达交际意义，使对方获得理解。在话语交际中，涉及说话者的传达和听话者的理解两方面。张树铮指出，从说话者话语表达的角度来看，语境在双方会话话题的选择和说话方式上起着限制性的作用。它还可以使对话变得简单明了，从而使双方能够在交流中省略都能理解的背景信息。从听者对话语的理解的角度来看，语境可以帮助听者理解说话者的特定所指对象，消除话语中的歧义，使话语的含义更清晰，还可填补话语中的空缺含义，帮助推断出说话人的言外之意。

总的来说，语境这一概念极为复杂，包含语言因素和非语言因素等多种因素，且语境处于不断的动态变化（dynamic）之中；同时，语境在交际中处于极为重要的地位，一旦脱离了语境，交际也无法顺利进行，话语的具体含义也将变得扑朔迷离，无法确定。

在言语交际中，把握语境对交际双方话语的传达与理解极为重要。一方面，交际双方需要把握某一语言结构产生的前后话语或上下文，来排除该语言结构产生的歧义，准确理解它所表达的具体的、特殊的或者特定的意义。例如，摘自网络的这则笑话：

例 6　一个人来到炸油条摊上对主人说：“呀！炸油条，一天要用多少油?!”

主人说："哪有炸油条不用油的。"

"真浪费，怪可惜。"

"可惜，也要炸，不用油，怎能炸油条？"

"我家祖宗几代都是卖油条的，从来不用油炸。"

主人想得到他的秘诀，忙请他吃饭，殷勤地招待他。酒足饭饱之后，他低声地对主人说："我家几代人卖油条，都是贩来卖的，所以不用油炸。"

主人一听，傻眼了。

（选自"幽默小故事：讨秘诀"，小精灵儿童网站，2016 年 3 月 23 日）

在这一言语交际过程中，"从来不用油炸"这一语言结构可以有不同的语义解读。它既可以指制作油条的过程中，不使用油而是用别的东西炸，也可以指在油条的制作过程中根本不用炸。因此，听话者想要准确理解"从来不用油炸"的具体含义，就需要结合这一语言结构前言后语中的"后语"，即油条是贩来卖的，故不用油炸，从而确定其准确的含义。可见，语言类语境因素对消除会话中的歧义，促进话语的理解是非常有效的，丰富的语境信息，对于话语理解起到重要作用，反之，交际中可能会出现多种多样的歧义现象。

另外，交际双方还需要在交际中结合该语言结构产生的非语言类的主客观因素，如双方的身份、地位、亲疏程度、心理、文化背景，交流的话题、内容、目的和方式，交流的时间、地点、场合，双方的身体语如面部表情、手势等来进行话语的表达和理解。

从多方面来看，语境在语言研究、话语实践和教学等领域具有重要价值，同时对语境的分析将在当前新兴的人工智能研究与应用领域发挥其特有的重要作用，具有显著的现实意义。同时，对语境的研究还有待进一步地深入。

2 语用学核心议题

在第 1 章中提到语用学的研究议题，本章主要介绍言语行为、会话含意、合作原则与礼貌原则。

2.1 言语行为

2.1.1 产生背景

19 世纪后期，随着数理逻辑的发展，哲学家开始对数学中的逻辑产生兴趣，同时对语言意义进行探讨，使得哲学界出现新的研究对象和问题，也因此出现了哲学的“语言学转向”。哲学家纷纷开始从哲学的视角，看待语言中的现象，将语言学研究内容视为哲学研究的对象，对语言的使用和语言的意义问题产生浓厚的兴趣，形成语言哲学。20 世纪初以后，传统西方哲学的三大主题：上帝、物质、灵魂在哲学的研究领域渐渐淡化。根据付习涛的概述，语言哲学至少包含两层含义：一是关于语言的哲学，二是将语言本身视为分析对象。

20 世纪前半期，大部分英国哲学家受罗素（Russell）以及维特根斯坦（Wittgenstein）等人的影响，继承了逻辑学家卡纳普等人的观点，形成分析哲学学派。日常语言哲学学派认为意义就是使用用法，话语的意义在于话语所实施的言语行为。

在此研究背景下，英国哲学家——奥斯汀（John Langshaw Austin）（图 2-1）创立了著名的言语行为理论（speech act theory）。1955 年，奥斯汀在美国哈佛大学做了有关“如何以言行事”的系列讲座。1962 年，《如何以言行事》一书出版。此后，学界对言语行为的研究经久不衰。

2.1.2 理论创立

1923 年，马林诺夫斯基开始寻求从人类学的视角，分析语言在交际中所具有的功能。弗雷格（Frege）认识到语言不仅能够用来陈述事件，还能用于提出疑问或完成其他事情，即语言具有它的功能。

哲学界一直以来均认为，一个陈述性的句子受逻辑——语义的真实条件制约，其所做的描述或陈述要么为真，否则为假。如何验证句子的真假是哲学家们关心的事。20 世纪 30 年代，逻辑实证主义认为，如果一个句子可以判断其真假，是可验证的（verifiable），就可产生意义。对此，维特根斯坦提出异议，他提出

图 2-1 奥斯汀（John Langshaw Austin，1911 - 1960）

“意义就是使用”的看法。奥斯汀同样质疑逻辑实证主义的观点。奥斯汀指出，有些陈述也并非是在传递信息或表述事物状态，而是实施某种行为，并没有真假之分，只有是否适当之别。他将话语区分为两类：一类是“言有所述”，是描述客观世界并且能够验证真假的陈述句，也称为叙事句；另一类是“言有所为”，指的是不具有真假意义的区别，也不用于描述或陈述的句子，但具有合适与不合适的区别。

奥斯汀指出，施为句要发挥出以言行事的效果，必须要满足三个条件。一是说话人须具有实施该行为的条件，要成为能够使某一言语行为产生的合适对象；二是说话人必须满足真诚的条件，带着诚意去实施某一行为，例如道歉、承诺等；三是说话人对自己说出的话语不能反悔，所谓一言既出，驷马难追。

奥斯汀认为施为句有三种：显性施为句、隐性施为句和内嵌施为句，施为句的类别，如图 2-2 所示。

显性施为句以陈述的形式出现，施为动词在字面上以一些非常重要且不含糊的表达作为开头或在句子中，正在实施该行为。例如：

例 1 <u>I challenge</u> you to a contest.

例 2 <u>I bet</u> Tom will spend all his money tomorrow.

例 3 <u>I nominate</u> Vincent for the expedition leader.

例 4 <u>I promise</u> you that my son will return your books tomorrow.

例 1 ~ 例 4 句中的动词“challenge（挑战）”“bet（打赌）”“nominate（提

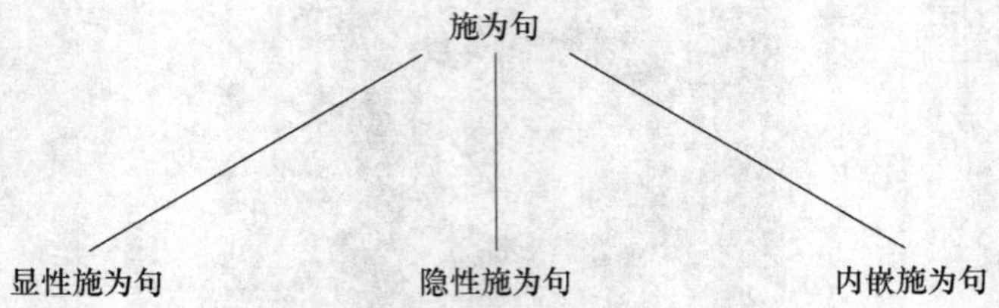

图 2-2　施为句的类别

名)”“promise（承诺)”都属于极为常用的施为动词，说话人说出该话语的同时就完成了“挑战”“打赌”“提名”以及“承诺”的行为。但在另外一些情况下，尽管有施为动词，也不能视为显性施为句，例如“上个月，我提名了小李当工会主席”，这句话显然是在陈述一件事情，而说话人并没有通过说出这句话完成一个提名的行为。因此，判断一个句子或话语是否属于显性施为句，有一些需要注意的问题何自然将其归纳为以下三点：

（1）施为句是第一人称的陈述句，使用的是一般现在时以及主动态形式，如：

例 5　I bet you 100 dollars that he will win.

但这也不是绝对的。例如：

例 6　I now eat it.

该句只是描述正在进行的行为。

（2）施为句一般都可与 hereby 或 I'm willing（to）连用。例如：

例 7　I hereby declare you the Director of Sales.

例 8　I'm willing to apologize.

（3）施为句具有是否恰当、说话者是否真诚之分。

例 9　I promise to come tomorrow.

该例句中的“承诺”行为没有真假值的区别，而是看说话人是否具有诚意。

隐性施为句指的是在这类施为句中，没有使用字面上的施为动词，也能达到以言行事的目的。它的理解主要依赖于具体语境。如：

例 10　I'll be there.

例 11　外面在下雨。

从形式上看，“I'll be there”是一个表述句，但在特定的语境下可以实施许多其他类言语行为，如“承诺”“邀请”“威胁”等。具体实施何种言语行为取决于具体语境。例 11 这句，可以认为是一个告知行为，即“我告诉你外面在下雨”。

内嵌施为句是指施为动词不作主要动词，但仍具有以言行事功能。如：

例 12　It pleases me that I'm able to declare you the Director of Sales.

例 13 I am happy to inform you that you are promoted.

随后奥斯汀发现，该划分存在明显漏洞，两者无法明确区分。表述句可以作为施为句的一部分。比如说：阳台上的花开了。说话人是在陈述“在阳台上生长的花开了”的客观事实，可以验证其真假值，但同时也可看作隐性施为句，实施一种告知或提醒行为。因此，说出一句话的同时，就是实施某个言语行为，如“告知”“询问”“承诺”“道歉”等。于是他本人推翻了表述句与施为句的二分对立理论。在此基础上，奥斯汀提出言语行为理论。奥斯汀提出人们进行交际的基本单位是所实施的言语行为，如“拒绝”“承诺”“请求”等。言语行为是通过说话人所传达的话语来进行的。话语本身就是行为，说话人通过说出一句话来完成一定的行为，对听话人产生一定的后果。例如：

例 14 It is very cold here.

这句话应该可以表达出两个层面的意义，一是命题意义，即通常我们所理解的字面意义；另一个是施为意义，即话语传达的目的。从命题意义来看，这句话意义很明确，即“这里太冷了”，是对客观的现象或环境的描述。但从施为意义的角度来理解，就出现了很多不同的意义，也称为言外之力（illocutionary force）。这句话可以理解为说话人对听话人发出的一个委婉请求，比如，请打开暖气、关上门或关上窗户、换个地方等，也可以是对天气发泄的一种不满与抱怨，等等。由此可见，从话语所实施行为的目的，即言外之力的角度看，可将言语行为划分为不同的类型。

2.1.3 言语行为的构成与分类

奥斯汀认为，人们在说出一句话的同时实施了言语行为。一个完整的言语行为包括言内行为（locutionary act）、言外行为（illocutionary act）和言后行为（perlocutionary act）。言语行为的类别，如图 2-3 所示。

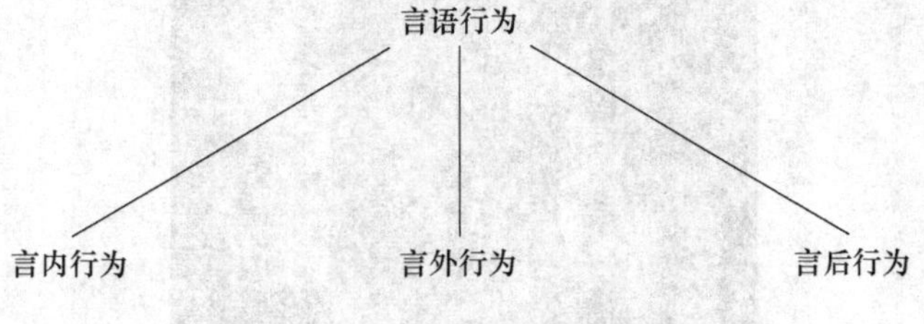

图 2-3 言语行为的类别

言内行为指说话人用一定的形式说出句子字面意义的话语这一行为本身。言内行为包括发出声音的行为、发出某种语言的语音；同时人类在说话的同时还要表达一定的含义，即发出的声音是有意义的行为。这就将人类的语言交际同动物的叫声区分开来，且强调人类尽管有时发出了声音，但关键在于要有意义才能属于言内行为的范畴。

言外行为是指说话人说出的话语所要传递的隐含的意图或目的，如警告、威胁、告知、命令、宣告、道歉等。理解了言外行为，才能获知话语的意义，就是奥斯汀所称的“语力”（illocutionary force）。

言后行为是话语说出后对听话者的思想、行为、情感上产生的影响或行为变化。言后行为的功能足以言成事。例如：

例 15　同学们可以举手回答。

例 16　外面下雨了。

例 15 中，老师说出这句话后，有学生举起手来回答问题。再如例 16，听话人听完后，可能会拿起伞出门，或者不出门，或者发出抱怨等。这些都属于言后行为。

总而言之，在人们的日常言语交际中，说出一句话，就可以同时实施三种行为，而这三种行为又是一个整体。例如，美国的广告商播送一则麦当劳广告，如图 2-4 所示，广告商向受众传递信息，可将该信息的传递视为一种言语行为。这一言语行为由三种行为构成。就言内行为而言，发出声音以形成某个语言中有意义的话语，以言指事。这则广告的字面意义在于陈述事实，向大众说明，吉米（Jimmy）的妈妈知道麦当劳的汉堡包是用百分之百的牛肉制作而成，吉米刚刚知道了它可美味呢。但作为一则广告，它的目的不止于此，实际上是希望采取行动，去购买如此货真价实的麦当劳汉堡包。这就涉及言外行为，通过话语表达出说话人的隐含的意图和目的，进行以言行事。从言后行为的角度来看，通过这则广告，说话人对听话人或其他人产生了一些后果或影响，即事后的效应，公众看

图 2-4　麦当劳广告

了这则广告去购买或者做出评价、提出异议等，皆属言后行为。在这三种行为中，言外行为是语言学家和哲学家们最关心的，也是语用学研究中最受重视的一个话题，通常所说的言语行为指的就是言外行为。

2.1.4 塞尔的言语行为分类

奥斯汀将言语行为分为五类：裁决型（verdictives），如宣判、估计；行使型（exercitives），如任命、命令；承诺型（commissives），如许诺、保证；行为型（behavitives），如祝福、道歉；阐释型（expositives），如陈述、认为，奥斯汀的言语行为分类，如图 2-5 所示。奥斯汀言语行为分类的不足之处在于，该分类缺乏清晰的标准，不同类别之间存在交叉，而且主要是对施为动词进行分类，忽略了对言语行为进行分类。

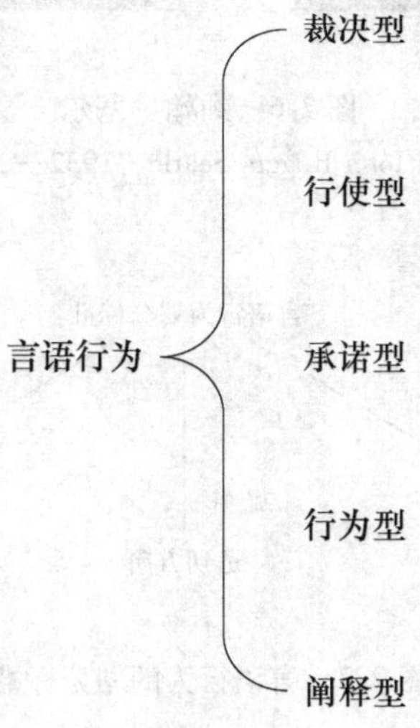

图 2-5 奥斯汀的言语行为分类

奥斯汀的学生、美国分析哲学家、语言学家——塞尔（Searle）(图 2-6) 在他的基础上，对言语行为理论进行了完善。他提出了明确的分类标准，并重新对言语行为进行了分类。塞尔指出，奥斯汀显然并未关注到言语行为以及实施言语行为的动词之间的差异。考虑到不同类别言语行为与言外行为动词之间的关系，塞尔指出言外行为动词可以用于判断言语行为，但也并不意味着能够完全依赖于它。一个句子是否有言外行为动词，不能作为判断某一言语行为是否存在的依据。

塞尔认为言语行为最重要的差别在于言语行为的目的、话语与客观世界的适切方向、表现的心理状态这三方面，这三方面也因此成为划分言语行为的标准（图 2-7）。

图 2-6　约翰·塞尔
（John Rogers Searle，1932—）

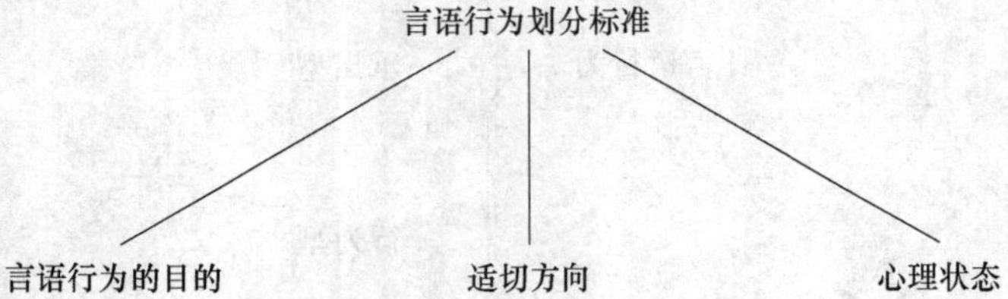

图 2-7　言语行为的划分标准

一是言语行为的目的。不同的言语行为表达的目的是不同的。如“质疑”“询问”的目的是要听话人做某事，而“承诺”的目的是说话人要做某事，“描述”的目的是展示某个事情的过程或状态。二是适切方向。话语与客观世界适切方向不同，即话语的命题内容与客观世界的联系途径不一样。语言中有 4 种可能的适切方向：（1）话语适切客观世界，如陈述类；（2）客观世界适切话语，先有话语，然后改变客观世界来适合命题内容，如许诺或指令类；（3）双向适切，即改变客观世界来适合命题内容，并对改变了的客观世界加以描述，如宣告类；（4）没有适切方向，既不是话语适切客观世界，也不是客观世界适切话语，如表态类。三是心理状态。不同的言语行为表现的心理状态不同。说话人的这种心理状态实际上就是实现言语行为的真诚条件。

塞尔根据以上三个标准，将言外行为分成五类：断言类行为、指令类行为、承诺类行为、表达类行为、宣告类行为。塞尔的言语行为分类，如图 2-8 所示。

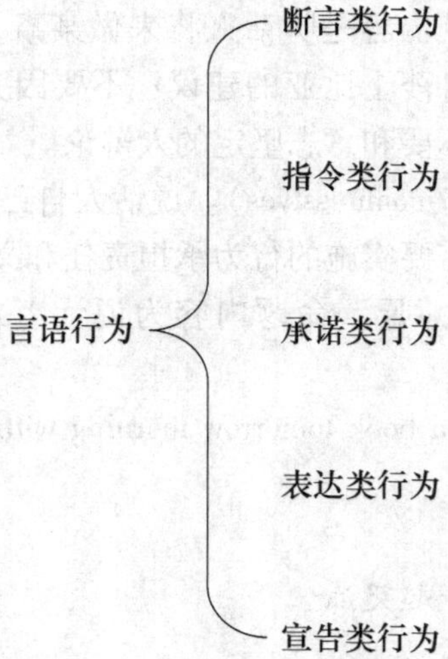

图 2-8 塞尔的言语行为分类

（1）断言类言语行为（assertives）。陈述或描述说话人认为是真实的情况。命题内容可以验证真假。适切方向为话语适切客观世界，心理状态为相信事实或命题内容的真实性。如：

例 17 There is nothing either good or bad, but thinking makes it so.

例 18 All that glisters is not gold.

例 19 The course of true love never did run smooth.

例 20 life is but a walking shadow.

以上例句均来自著名文学家莎士比亚的作品中。例 17 来自《哈姆雷特》，例 18 摘自《威尼斯商人》，例 19 出自《仲夏夜之梦》，例 20 来自《麦克白》。他们的共同点在于表达对事实的陈述，向人们表明对现实世界的看法，如闪闪发光的并不一定是金子、真爱的道路上永不平坦等这样的人生哲理。

（2）指令类言语行为（directives）。说话人想要使听话人做某事，如发出请求或给出指令等。从交际形式上来看，可以是礼貌程度较高的，如发出邀请或提出建议等，也可以是礼貌程度低的或者态度强硬的，如发出命令等。例如：

例 21 Open the door!

例 22 Would you like to go swimming with us?

例 23 Do not, for one repulse, give up the purpose that you resolved to effect.

例 24 Don't argue with the people of strong determination, because they may change the fact!

例21中，“开门!”在形式上加了感叹号，是较为强硬的命令。例22属于礼貌性的邀请，而提问是说话人要求对方实施回答的指令行为，属于客观世界适切话语，表达一种愿望。命题内容是听话人将来做某事，包括请求、命令、提议、邀请等。例23和例24来自莎士比亚的建议：不要因为一次失败，就放弃初心，放弃想要达到的目标以及不要和意志坚定的人辩论。

（3）承诺类言语行为（commissives）。说话人自己承诺未来将要实施某种行为。旨在使说话者对未来需要实施的行为承担责任和义务，其适切方向为客观世界适切话语，心理状态为意愿。命题内容为说话者承诺、保证等要实施的行为。例：

例25　I will give you a book tomorrow morning without fail.

例26　结婚誓词译文：

我会信任你，尊敬你，

我将和你一起欢笑，一起哭泣。

我会忠诚地爱着你，

无论未来是好是坏，是艰难还是安乐，我都会陪你一起度过。

无论准备迎接什么样的生活，我都会一直守护在这里。

就像我伸出手让你紧握住一样，

我会将我的生命交付于你。

愿主保佑。

真诚的恳求上帝让我不要离开你，或是让我跟随在你身后：

因为你到哪里我就会去到哪里，

因为你的停留所以我停留。

你爱的人将成为我爱的人，

你的主也会成为我的主。

你在哪里死去，我也将和你一起在那里埋葬，

也许上帝要求我做的更多，但是不论发生任何事情，都会有你在身边。

例27　新娘结婚誓词英文：

I, Mary, in the presence of God, take you, Tom, to be my husband; to have and to hold from this day forward, for better, for worse, for richer, for poorer, in sickness and in health, to love and to cherish, so long as we both shall live. All this I vow and promise.

以上例句表达的都是说话人保证自己未来将要做到某事。例25承诺的是“明天早上一定会给你一本书”。例26、例27是西方婚礼上人们使用的结婚誓词。誓词中体现了对婚姻生活的承诺和宣誓。

（4）表达类言语行为（expressives）。针对命题内容所指明的现状，表达出

感情和态度。无适切方向。这类言语行为的主要特点为表达出说话人的各种不同的心理状态。命题内容指说话人或听话人具有某种条件，包括祝贺、感谢、道歉、欢迎等。如：

例 28 我不知道真爱还有过期的时候。

我这个老头早晨去骑马，回来时却变年轻了。

命运让我们再次重逢。

对不起我来晚了。

既然谈的是爱情，那永远都不会晚。

即便你怀疑星星在燃烧，

哪怕你怀疑太阳真动，

怀疑真理是谎言，

不要质疑我爱你，

只要你一直在另一边守候我。

生死离别之爱，远渡重洋之爱。

（选自《给朱丽叶的信》）

（5）宣告类言语行为（declarations）。说话人的话语行为引起现实世界的变化。该类行为是说话人通过实施该行为进行宣告，宣告的内容可以引发客观现实的变化。话语适切客观世界，客观世界也可以适切话语。除阐述性宣告以外，其他宣告行为并不表达任何心理状态，如命名、宣誓、提名、任命、宣判等。例如：

例 29 JUDGE：You strike me as a particularly icy and remorseless man，Mr. Dufresne. It chills my blood just to look at you. By the power vested in me by the State of Maine，**I hereby order** you to serve two life sentences，back to back，one for each of your victims. So be it.

该例句选自电影《肖申克的救赎》，影片讲述的是一位名叫杜弗兰的银行家因为被人冤枉，认为是他杀害了自己的妻子以及妻子的情人，从此以后，他不得不在肖申克的监狱里度过下半生。该例句引自法官给杜弗兰判刑时说的一段话："你的无情和冷血令我震惊，杜弗兰先生，只是看着你就使我不寒而栗。依据缅因州赋予我的权力，我特此判处你两项终身监禁……"

该宣判行为发生时不需要真诚条件，与说话人的心理状态也无关。只要说话人拥有执行相应宣判行为的权利和资格，无论说话人是否愿意，无论是否真诚，法官通过说话就已完成宣判行为。作为宣告类行为，只要成功实施，就可以使命题内容与客观现实达到一致。假如法官成功地宣告罪犯获刑，罪犯就要接受相应的惩罚。如果法官成功地宣告减免罪犯的刑期，那么罪犯就可以相应地接受刑期的减免。

例 30　Priest：Before God and in the presence of us all，Tom and Mary have joined hands and made their solemn vows，promising lifelong faithfulness to each other. In the name of God，**I declare** them to be husband and wife. What God has joined together，let no one separate.

从例 30 中，可以看出牧师在主持婚礼时使用了“declare”一词，该词通常用于正式场合，表示明确、清晰、正式地“宣布”或“宣告”。此处用于婚礼场合，意在宣告二人正式结为夫妻。可见，宣告类言语行为一旦顺利实施，便会引起客观世界的变化。

概而言之，同一种言语行为可能表达不同的意图，不同的言语行为也可能表达同一个目的。以下是塞尔言语行为的详细分类，见表 2-1。

表 2-1　塞尔言语行为的详细分类

言语行为	目　的	适切方向	心理状态	典型代表
断言类	使说话人对陈述、命题的真实性承担义务	话语适切客观世界	相信	陈述、推断、猜测等
指令类	说话人试图要听话人去做某事	客观世界适切话语	愿望	命令、建议、要求等
承诺类	说话人对将要实施的某种行为承担义务	客观世界适切话语	意欲	保证、许诺、威胁等
表达类	针对命题内容，表达心理状态	无	各类	道歉、感谢、欢迎等
宣告类	宣告，以引起命题内容与现实之间的关联	双向适切	相信或无	宣布、任命、宣判等

根据塞尔的观点，言语行为是人类进行语言交流的最基本的有意义单位。言语行为在语言交流中无处不在，是语用学领域研究的重点。

2. 1. 5　间接言语行为

塞尔对言语行为进行重新分类时指出，并非所有的言语行为都可以通过字面意义来表达说话人的目的或意图。言语交际的形式与功能并非一一对应，一种语言形式能够实施多种功能，而一种功能也可以通过多种语言形式实现。何自然指出，当说话者因为各种各样的目的或原因，间接地实施言语行为时，这种句子叫做间接施为句。塞尔提出间接言语行为理论，他将间接言语行为定义成“通过实施一个言语行为来间接地达到实施另外一个言语行为”，并将间接言语行为分为两类：一类是规约性的，另一类是非规约性的。这一理论部分解决了字面意义和言外之意不一致的问题。例如：

例 31 Husband：Can you pass the salt?

Wife：You know，I can't.

丈夫要表达的意思不能按照话语的表面形式和字面意义理解为“询问”妻子是否有能力将盐递过来。因此，妻子不能以“能”或者“不能”实施递盐行为的命题内容来回答，而是应当直接完成递盐这一行为，确保交际的顺利进行。丈夫通过“询问”的行为来表达“请求”，这也是日常生活中人们用以表达“请求”言语行为的常见形式。此类话语实施的是间接言语行为。

2.2 合作原则及会话含意理论

2.2.1 合作原则

美国哲学家格赖斯（H. P. Grice）(图 2-9）于 1967 年在哈佛大学的威廉·詹姆斯讲座上发表题名为《逻辑与会话》(*Logic and Conversation*）演讲，并于 1975 年将其部分内容发表于《句法与语义学》(*Syntax and Semantics*）一书中，提出了合作原则（cooperative principle）。格赖斯指出，在言语交际中，交际双方都根据会话的目的或者交际的方向，互相配合、相互合作，提供双方所需要的话语或信息，共同遵守一些基本的准则（maxim），使得交际能够顺利进行，违反了这一条基本的原则，双方会话便无法顺利继续下去，这就是合作原则。比如，下面这一来自苏文茂、马志存《答非所问》中的经典相声片段，就形象地说明了合作原则这一基本的交际原则在会话过程中所起到的重要作用。

图 2-9 格赖斯（Herbert Paul Grice，1913 – 1988）

例 32　甲：咱们要说的是所答非所问。

乙：什么叫所答非所问啊？

甲：就是我问你什么话，你回答我，跟我的问话别挨上。

乙：你这么说我还不明白，能不能给举个例子？

甲：譬如说，我问你吃饭了没有？

乙：那我应该回答？

甲：你说我刚洗完脚。

乙：问我吃饭没有，我说刚洗完脚？这全挨不上啊。

甲：挨不上就算对了，所答非所问嘛！

乙：噢，就是指东答西，天上一脚，地上一脚，谁也不挨谁？

甲：这话可不好说。

乙：这叫胡说八道。这种问话问我多少句？

甲：就问你五句。

乙：现在就开始吗？

甲：现在就开始。

乙：行！

甲：各位观众，您可注意听着点，我问他五句话。

乙：（示意甲快问）

甲：他回答的话只要一跟我挨上，就算他错了。

甲：你贵姓啊？

乙：我坐汽车来的。

甲：叫什么名字？

乙：我肚子不疼。

甲：家在哪住啊？

乙：我刚洗完澡。

甲：哎，几句了？

乙：三句了。

甲：您看怎么样，挨上了吧。他就得挨上。

乙：不，不，不，你接着问。

甲：我甭问了，现在已经挨上了。

乙：怎么挨上了？

甲：我问你几句了？

乙：我告诉你三句了。

甲：这不就挨上了吗？

乙：这……噢，这“三句了”也算一句？我没留神，你再来一遍就行了。

你冷不丁地问我几句干什么?

甲：好，重来。你贵姓啊?

乙：我坐汽车来的。

甲：叫什么名字?

乙：我肚子不疼。

甲：家在哪住啊?

乙：我刚洗完澡

甲：几句啦?

乙：三……三角五洗的澡。嘿……（得意）

甲：……哎呀，又错了!

乙：没错!

甲：错了。

乙：没……（醒悟）

甲：挨上了不是。

（顾旸，1984：374-376）

在该相声段子中，会话双方虽努力尝试极力避免会话内容之间的相关性，但最终还是以失败告终，可见，在交际过程中，参与交际的双方总是受到合作原则的支配与制约，从而使会话得以顺利进行。合作原则具体包括四条准则，在每条准则中又可细分为一些次准则（sub-maxim）合作原则的四条准则，如图 2-10 所示。

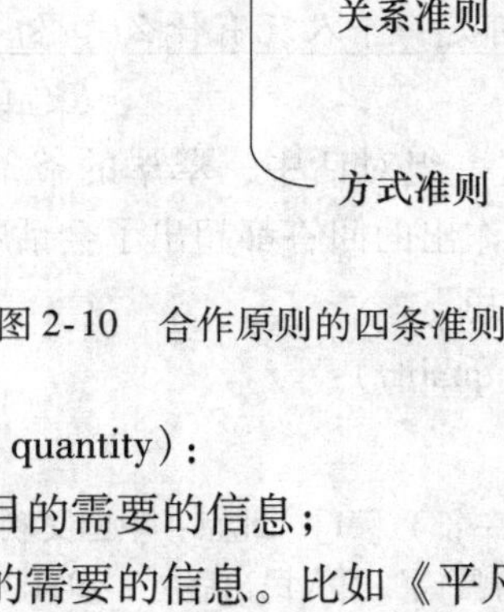

图 2-10　合作原则的四条准则

（1）量准则（maxim of quantity）：

1）话语需要包含会话目的需要的信息；

2）话语不超出会话目的需要的信息。比如《平凡的世界》和《边城》中就展现出了大量的关于遵守与违背该准则的对话。例如：

例 33 她（郝红梅）就这样轻声慢语地说着，他（孙少平）呆呆地听着。

她（郝红梅）突然红着脸说：“你的书还了没有?”

他（孙少平）说：“还没。”

（郝红梅：）“能不能借我看一下?”

“能”，他（孙少平）爽快地回答。

于是，第二天他就把书交到了她的手里。在这以后，只要孙少平看过的书，就借给郝红梅看。

（选自《平凡的世界》第一部❶，1986：16-17）

在例 33 中，从孙少平与郝红梅的对话可见，他们均遵守了量的准则。针对互相之间的提问，对方均给出了所需要的信息，既不多也不少。

例 34 少平一下子连话也说不出来了。倒是润叶姐走上前来，仍然笑着说：“我让润生叫你到我二爸家去，你怎么不来呢?”

“我……”他不知说什么才对。

润叶姐……，问：“哪个是你的碗?”

他指了指自己的碗。

她把馍放在他碗里，说：“走，跟我吃饭去！”

“我……”

（选自《平凡的世界》第一部，1986：20-21）

例 34 中，从孙少平两次回答的话语中，可以看出缺少了会话所需要的信息，“润叶姐”就无从获知具体内容。

例 35 ……祖父就问翠翠：“明天城里划船，倘若你一个人去看，人多怕不怕?”翠翠就说：“人多我不怕。但是只是自己一个人可不好玩。”

……

到路上时，祖父想起什么似的，又问翠翠：“翠翠，翠翠，人那么多，好热闹，你一个人敢到河边看龙船吗?”

翠翠说：“怎么不敢？可是一个人玩有什么意思。”

（选自《边城》❷，1981：19-20）

在小说《边城》里的这一组对话中，翠翠的爷爷两次询问的均是一个人是否敢做这件事，但翠翠两次作出的回答都超出了会话本身所需要的信息量，多余的信息为“一个人玩没有意思”。

（2）质准则（maxim of quality）：

---

❶ 路遥. 平凡的世界（第一部）[M]. 北京：中国文联出版公司，1986.

❷ 沈从文. 边城[M]. 南昌：江西人民出版社，1981.

1）不要说自知虚假的话；

2）不要说缺乏证据的话。例如：

例36 润生走过来对他（孙少平）说："我到宿舍找了你两回，你到哪里去了？"

少平有点不好意思，说："我……去给学校还镢头去了。"他一边撒谎，一边瞥了一眼这家著名人物的院子……

他心慌意乱地跟润叶进了边上的一孔窑洞。

（选自《平凡的世界》第一部，1986：21-22）

例37 有个人娶了一个太太，看着满脸皱纹，丈夫问她："你今年到底多大年纪？"太太说："四十五六。"丈夫说："介绍人告诉我说你只有三十八岁啊，依我看你不止四十五六，你跟我说实话吧。"太太说："其实我是五十四岁。"丈夫是半信半疑。有天晚上他们都睡了，丈夫忽然想起来一件事儿就下床了，太太问他干嘛去，他说："我得起来把盐缸盖上，不然被老鼠吃了。"太太说："真好笑，老鼠吃盐，我活了六十八年了，我就没听说过！"

（选自《留给人间都是笑 马三立单口相声集》❶，2016：18）

从例36和例37中可以看出，面对润生的提问，孙少平说了谎话；面对丈夫的质疑，太太多次回答的同样是自知虚假的话。他们都违背了合作原则中的这一质准则。

（3）关系准则（maxim of relevance）：说出的话语之间需要有所关联。

此处引用刘宝瑞先生的相声一则，该相声中的对话就很贴切地说明了会话中话语之间关联的重要性。例如：

例38 （巡抚：）"贵县，听说贵县河道成患，不知今年情景如何呀？"

（知县钱如命：）"跟大帅回。这个……关于河道成患呐，您问和道嘛——，这个和道哇……这个……敝县那里的和尚倒是好和尚；就是老道非常可恶，嗜酒行凶，常常滋事，现在卑职已经派人抓捕了。"

啊？巡抚一听：河道就是和尚、老道哇？我要问你河泥哪，那就是和尚、尼姑啦！像话嘛这个。巡抚心里这样想，嘴上没说出来。压着性儿又问："贵县，你那里今年雨量大不大？"

（知县钱如命：）"回大帅的话。卑职那里的月亮不大，也就是烧饼大小（用手比画），啊有您这儿的大呀！昨天我到这里，看您这儿的月亮真大，像个大茶盘儿。"——他又弄错啦！

巡抚说："哎，我问的是水。"

"噢，水呀，卑职那里的水都是甜水，没有苦水，沏茶可好喝啦。"——还

---

❶ 马小川．留给人间都是笑 马三立单口相声集［M］．天津：天津人民出版社，2016.

没离开茶叶！

巡抚听了又好气，又好笑：这人怎么这么胡涂，河道、雨量全不懂！干脆随便问他点儿别的吧，让他走了算啦。

“请问贵县，贵县那里的风土如何？”巡抚问的是风土人情，钱如命又弄拧啦：

“跟大帅回，您问风土啊，卑职到任一年多，倒是从来没刮过大风，街上更是没什么土，没有风。”他把风土人情当刮风、尘土啦！

巡抚皱了皱眉，又问一句：“我是问你那里的民风如何。”

“哦，您问蜜蜂如何啊！卑职到任一年多了，倒是没看见过蜜蜂，有马蜂，马蜂个儿可大啦，蜇人疼极了。”

巡抚气得胡子都撅起来啦。心里说：他这个知县是怎么当的？怎么连句官场话都不懂？我问河道，他说和尚老道；我问雨量，他说他那儿月亮像烧饼，我这儿月亮像茶盘儿——一个月亮两个尺寸；我问水，他说没有苦水，都是甜水，沏茶好喝着哪；我问风土，他弄成刮风尘土；我问民风，他说蜜蜂不多，马蜂不少，像手指粗细，蜇人可痛啦，还问我挨过没有……这都是什么乱七八糟的！要不是那张银票，他甭说想当知府，连豆腐我也让他做不成，哼，岂有此理！

巡抚本想训斥他几句，话到嘴边儿又咽回去了——还是银票厉害。心想：再随便问一问，找个台阶儿快让他走吧。

“贵县，你那里的老百姓好不好？”

“老白杏？白杏不好，酸的。卑职没找着好杏，找着了怎么也送您两筐。”

这回巡抚真生气啦：脑袋后边儿的小辫儿气得直晃摇，腾！就站起来啦，用手一指钱如命：“我问的是你的小民！”

钱如命也慌忙站起来了，把头一低：

“回大帅的话。卑职的小名儿叫‘狗子’。”

在例38中，“河道成患”意思是年年闹水灾，河道淤塞，可是钱如命一听河道成患，把“河道”意思歪曲了，回答成了和尚和老道。又将雨量理解为月亮的事；问水，他回答没有苦水，都是甜水；问风土人情，他答刮风的尘土；问民风，他说蜜蜂；问百姓，他说白杏；问小民，他答小名儿。可以想象，巡抚忍无可忍，非常气愤，而听众听了发笑。这也说明在言语交际过程中，话语之间有关联才能有效顺畅地沟通。违反了关联原则，会话难以继续进行。

例39　从前，有一个人很怕老婆。有一天，他趁老婆不在家的时候偷吃了一盒年糕。晚上被老婆发现了，把他狠狠骂了一通，又罚跪三更才准许睡觉。第二天，他越想越想不通，不知自己的命为什么这么不好，便到街上找算命先生给自己算算命。算命先生问：“请问贵庚多少？”他赶忙回答：“没有跪多久，只跪到三更。”算命先生道：“我不是问这个，我是问你年高几何？”他说：“我还敢偷吃几盒？我只吃了一盒。”弄得算命先生哭笑不得。

（选自 http://www.dywx.cc，第一文学网，2018年9月25日）

例39中，这个丈夫对算命先生答非所问，将“贵庚”理解为跪到三更，将“年高”理解为年糕这一食品，同样反映出会话中的毫无关联性，导致交流无法顺利进行，闹出笑话。

例40 有个县官审案，全靠一本《论语》。庙里的一口钟被偷了，锡匠铺里的一斤锡也被偷了，都到县衙告状，县官派人把强盗都给抓住了。县官升堂审案，先审那个偷钟的：“你为什么偷庙里的钟？”“因为我赌钱输了，要还账。”县官赶紧翻开《论语》，翻到了这么一句话：“夫子之道，忠恕而已矣。”看完之后，县官判道：“本县官饱读诗书，审判最为公正，据史书《论语》记载：夫子之盗钟，恕而已矣。本官就宽恕你！”县官冲衙役一挥手：“放了他吧。”接着审偷锡的人：“你为什么要偷锡啊？”“大人，我家里有八十岁的老娘，没得饭吃，只好偷点儿锡卖，让老娘吃饱。”县官又翻开《论语》，翻到了这么一句话：“朝闻道，夕死可矣。”看完之后，县官判道：“大胆盗贼，你胆子不小啊。据《论语》记载：朝闻盗锡，死可矣！给我拉出去，毙了。”

（选自“翻书断案”，《留给人间都是笑 马三立单口相声集》，2016：27）

例40中，县官对《论语》书中的语句解读出现错误，将《论语》中的“夫子之道，忠恕而已矣”理解为“夫子之盗钟，恕而已矣”，又将“朝闻道，夕死可矣”解读成“朝闻盗锡，死可矣”，从而使得话语和事实间毫不相关的情形发生，误判了案子的同时闹出笑话。

（4）方式准则（maxim of manner）：说出的话语要清楚明白。

1）避免晦涩；

2）避免歧义；

3）要简洁（避免冗长）；

4）要有条理。例如：

例41 那人问：

“是谁人？”

“我是翠翠。”

“翠翠又是谁？”

“是碧溪岨撑渡船的孙女。”

（选自《边城》，1981：23）

例41中，面对码头上一名陌生男子的询问，翠翠回答得简洁明了，促进了交际顺利进行。但通常情况下，人们在言语交际中往往会违反合作原则中的一个或多个准则，从而产生会话含意，即我们所说的言外之意。

2.2.2　会话含意理论

根据格赖斯（H. P. Grice）的观点，人们在日常交际中，并非完全遵守他所提出的合作原则，而是频繁地在交际中，出于各种各样的目的，违背合作原则中的某个或者多个准则，使得所说出的话语的字面意义与实际想要表达的意义并不相符，产生出超越字面意义的言外之意，也就是会话含意（conversational implicature）。人们通过这种方式传递出说话的真实意图，在特定的语境下达到顺利进行交际和信息传递的目的。例如：

例 42　甲：小王今天态度很冷淡，做事也心不在焉的！
　　　乙：今天天气很好耶！

当甲在谈论同事小王的负面言行时，乙看到小王走过来，赶忙谈论起天气。可见，乙显然违背了合作原则中的关系准则，但在此种场合下，这种表面看起来完全不相关联的前言后语，实则是最合适的表达。然而，会话含意理论解释的是话语的字面意义和实际意义之间的联系，对于日常交际会话中的违反合作原则的原因，该理论并未作出解答。

2.3　礼貌原则

格赖斯的会话含意理论并不能解释人们为何在言语交际过程中违反相应的原则等问题，后来的学者，如布朗（P. Brown）、列文森、利奇等人，提出礼貌原则（politeness principle），从而与合作原则相互补，寻求为人们违反合作原则进行会话交际的现象给出合理解释，从而更加丰富和完善了会话含意理论。

2.3.1　布朗和列文森的礼貌理论

20 世纪 80 年代，布朗和列文森在其经典著作《语言使用中的共性：礼貌现象》(*Politeness：Some Universals in Language Usage*）中提出了著名的礼貌理论，并且进一步发展了戈夫曼（Erving Goffman）的“面子”概念，创立“面子理论”(face theory)。该部著作自出版以来，一直被语言学界视为礼貌现象研究的经典理论，其影响深远。根据该著作内容，以下简述其礼貌理论的四点核心内容：一是面子的概念，二是威胁面子的言语行为，三是礼貌策略，四是面子损害力计算。

首先什么是面子？布朗和列文森对“面子”给出的定义是“每位社会成员想要为自身在公众前赢得的一种个人形象”。他们将面子分为两类，分别是积极面子（positive face）与消极面子（negative face)(图 2-11)。在言语交际中，每个交际者都应该具有这两种面子。积极面子是指交际参与者期望得到他人的赞同、喜爱、欣赏与尊敬；消极面子指的是交际参与者不希望个人自身的行动与活动范围受到干涉与侵犯。

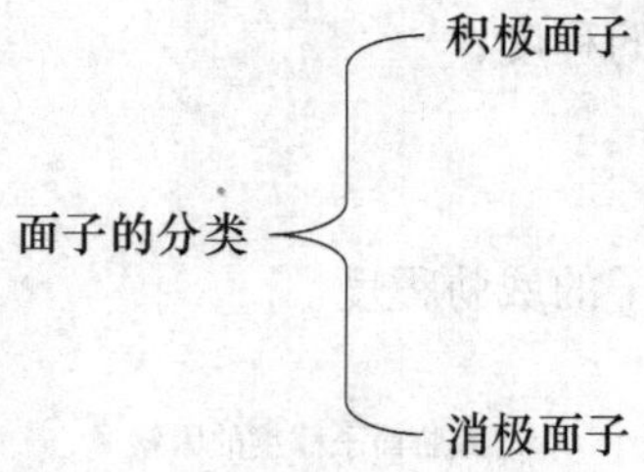

图 2-11 面子的分类

然而根据布朗和列文森的观点，在交际中，大部分言语行为都会威胁到面子（face threatening acts，FTA），且同时危及交际参与者双方的面子，包括积极面子和消极面子。具体而言，威胁面子的言语行为包括以下四类：

（1）威胁听话者消极面子的行为，包括命令、请求、警告等。

（2）威胁听话者积极面子的行为，包括抱怨、讽刺、侮辱等。

（3）威胁说话者消极面子的行为，包括致谢、申辩等。

（4）威胁说话者积极面子的行为，包括道歉、忏悔等。

一般情况下，在言语交流中，布朗和列文森一致认为，交际的双方总是采取相关策略来避免或减轻危及对方的面子。说话者会视“威胁面子行为”对听话者面子的威胁程度采用这五类策略：

（1）直言（bald on record），说话者直白地说出要说的话。

（2）积极礼貌（positive politeness），说话者根据听话者的积极面子相应调整话语。

（3）消极礼貌（negative politeness），说话者根据听话者的消极面子相应调整话语。

（4）婉言（off record），说话者清晰但委婉地表明自己的想法。

（5）回避（non-performance），说话者避开相关话题，谈及其他话题。

根据布朗和列文森的观点，从第一种策略到第五种策略，它们是一个连续体，礼貌程度随之从低到高。说话者的话语对听话者的危害越大，说话者使用更高层次的策略的可能性就会越大。如何选择使用合适的礼貌策略，需要交际者对威胁听话者面子程度进行预先评估。

布朗和列文森认为面子威胁程度的大小主要取决于三个因素，分别是交际双方的社会距离、权势地位、所处文化对面子的威胁（图 2-12）。

根据这三点，对威胁面子的程度进行计算如下：

$$W_x = D(S,H) + P(H,S) + R_x$$

式中 S——说话者；

H——听话者；

W_x——威胁面子行为的程度；

D——双方社会距离；

P——双方权势地位；

R_x——所处文化对面子的威胁程度。

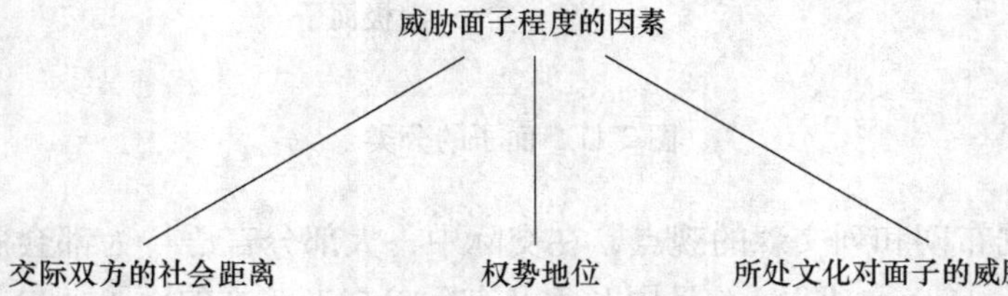

图 2-12 威胁面子程度的因素

在这个公式中可以看出，威胁面子行为的程度与双方社会距离、权势地位、所处文化对面子的威胁这三个变量间的联系。交际双方的社会距离越远、听话者对说话者的权力优势越大、所处文化威胁面子行为的程度越大，在交际中，说话者就越倾向于使用礼貌级别越高的策略。以学校场合的话语交际为例。

假如说话人 S 为学院某教研室青年教师，H 为该教研室副主任。那么，S 和 H 的社会差距 D 为“一般”，H 对 S 的权力优势 P 也为“一般”，所处文化对威胁面子行为的威胁程度 R_x 为“一般”。那么可以得出威胁面子行为的程度 W_x 为“一般”，即教研室老师 S 在和教研室副主任 H 相处时采取一般性的礼貌策略即可。

当说话者 S 为学院某一教研室青年教师，H 为该学校领导时，S 和 H 的社会差距 D 为“较大”，H 对 S 的权力优势 P 为“较大”，所处文化对威胁面子行为的威胁程度 R 为“较大”，那么可以得出威胁面子行为的程度 W_x 为“较大”，即教研室老师 S 在和校领导 H 交流时，应当比在教研室内部交际时使用更多礼貌策略。

当说话者 S 为某大学的教研室青年教师，H 为该省教育厅领导时，S 和 H 的社会差距 D 为“大”，H 对 S 的权力优势 P 为“大”，所处文化威胁面子行为的程度 R 为“大”，那么可以得出威胁面子行为的程度 W_x 为“大”，即教研室老师 S 在和教育厅领导 H 相处时，应当选择使用更高级别的礼貌策略。

布朗和列文森在礼貌理论的创立和研究方面做出了不可磨灭的贡献。他们为后来的礼貌现象研究提供了理论框架和研究思路。但他们的理论也存在一定的不足之处。首先来看，他们的理论主要是基于西方的文化背景，无法应用于世界各个不同国家与文化背景下的交际中出现的礼貌现象。其次，他们对礼貌策略的分类还较为缺乏统一的标准，因而显得较为主观。此外，影响礼貌策略使用的因素错综复杂，使用一种公式算法，难以将这些因素全部考虑进来。因此，后续的研究在两位学者研究的基础上仍然任重道远。

2.3.2 利奇的礼貌原则

1983 年，英国语言学家利奇（图 2-13）在《语用学原则》里阐述了礼貌对会话交际的重要作用。礼貌原则与合作原则都是人们在交际过程中遵循的两项基本的原则。根据利奇的观点，人们在言语交际过程中遵守或违背相关的礼貌原则，他将其划分为六条准则和相关的次准则，具体分类如图 2-14 所示。

图 2-13 利奇（Geoffrey Neil Leech，1936 – 2014）

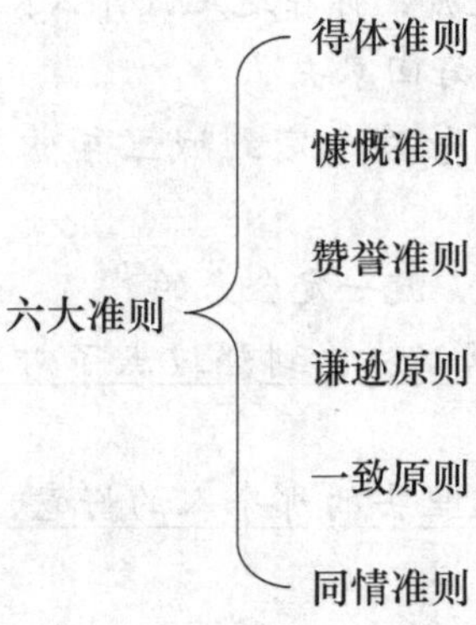

图 2-14 礼貌原则六大准则

（1）得体准则（tact maxim），尽可能少地发表对他人利益有损的观点。

1）尽量少让别人吃亏；

2）尽量多使别人得益。

（2）慷慨准则（generosity maxim），尽可能少地表达有利于自身的观点。

1）尽量少使自己得益；

2）尽量多让自己吃亏。

（3）赞誉准则（approbation maxim），尽可能少地表达对他人的贬损。

1）尽量少贬低别人；

2）尽量多赞誉别人。

（4）谦逊原则（modesty maxim），尽可能少地表达对自己的称赞。

1）尽量少赞誉自己；

2）尽量多贬低自己。

（5）一致原则（agreement maxim），尽可能少地体现与他人在观点上分歧。

1）尽量减少双方的分歧；

2）尽量增加双方的一致。

（6）同情准则（sympathy maxim），尽可能少地表达与别人的情感对立。

1）尽量减少双方的反感；

2）尽量增加双方的同情。

（何自然，1988：98）

根据利奇的观点，前四条准则是双向性的，其中前两条准则分别关注的是将要实施的行为对对方和对自身的损益；第三条和第四条准则表达对双方传达的正负面评价程度。第五条和第六条准则是单向性的一致和同情。利奇主张礼貌关注的重点主要是他人，且相比积极礼貌，消极礼貌显得更为重要。

以下是一则引自《边城》中的例子：

例 43　“这里又没有人过渡，你在这儿做什么？”

“我等我爷爷。我等他来好回家去。”

“等他来他可不会来。你爷爷一定到城里军营里喝了酒，醉倒后被人抬回去了！”

“他不会。他答应来找我，就一定会来的。”

“这里等也不成。到我家里去，到那边点了灯的楼上去，等爷爷来找你好不好？”

（翠翠）误会了邀他进屋里去的那个人的好意，……就轻轻地说：“你个悖时砍脑壳的！”

话虽轻轻的，那男的却听得出，且从声音上听得出翠翠年纪，便带笑说：“怎么，你那么小小的还会骂人！……”

翠翠说："鱼咬了我，也不管你的事。"

（选自《边城》，1981：24）

要正确恰当地运用礼貌原则，说话人需要根据交际情境的需要，确定相应的礼貌程度。也就是说，根据交际对象、交际场合等，同时考虑到对话双方的利益，选择适当的话语形式，确保言语得体而不失分寸。钱冠连指出，言语得体的意思是说话要在合适的时间与场合，对合适的人说出合乎时宜的话。

语境是判断话语是否得体的重要标准。其中隐性语境起到最关键的作用，因为隐性语境可以是双方在交流中共享的知识背景，也可以是已有的传统习惯、文化背景知识、习得的百科全书知识、必要的思维能力和语言使用的原则等内化和认知的结果。它具有潜在性、长期性和抽象性等方面的特征。因此，在隐性语境下，分析话语的得体性更复杂，但也更具实用性。

根据语境的需要，恰当地运用礼貌原则，可使言语交际对象获取的利益越大、说话人自身利益越受损，最终体现出的礼貌程度就越高。但在上例中，翠翠在与陌生人的交流中忽视了礼貌策略的运用，说出"你个悖时砍脑壳的！""鱼咬了我，也不管你的事。"这样不恰当的话语，使得听话人利益受损，没有体现出尊重，也因此使得礼貌程度最低，严重违反了礼貌原则。以上这些礼貌准则均在一定程度上解释了人们在言语交际过程中所出现的话语现象。其他一些学者也对礼貌研究做出了贡献，极为突出的有布朗和列文森提出的"面子保全理论"。以此来看，在交际中为了保全面子，交际者倾向于采取各种各样的策略。

3　语用学理论应用于教师话语分析

3.1　教师话语概述

3.1.1　教师话语概念

在不同的学科领域中，“话语”（discourse）的意义有所不同。在语言学领域，“话语”指的是人类说出或写出的一种语言。因此，无论口头形式还是书面形式，它与语言、言语密不可分，是在具体的社会语境下人与人进行交际活动的媒介。

教师话语指的是教师在课堂使用的进行教学及组织教学的一种交际语言。哈坎森（Hakansson）指出，教师的话语量和话语的质对教学的成功与否产生一定的影响。20 世纪 90 年代，纽南（Nunan）阐述了教师话语的重要价值。教师话语既属于开展教学的一大工具，也是学习者获得语言输入的重要途径。

一直以来，教师话语研究是国外的语言学者进行教学研究的一项重要内容。对教师话语的探讨开展得也相对较早，国外的研究兴起于大约 20 世纪 60 年代。美国语言学家——哈里斯（Harris）于 1952 年开始使用“话语分析”这一研究术语。20 世纪 70 年代，教师话语研究有了很大进展，发展成为一门具有相对独立性的新学科。到了 90 年代以后，教学话语走向实证研究的道路。教师话语研究既探讨教师话语的形式特征，如话语语速、使用词汇与语法等，同时也关注话语的功能特点，如话语量、提问和反馈等。已有研究中，对教师话语这一概念探讨的成果也很丰富，语言学者从不同层面作出界定。

早在 1975 年，辛克莱（Sinclair）与库尔哈德（Coulthard）指出，教师话语指的是教师进行课堂教学与知识传授使用的话语。教师需要通过课堂话语组织学生参与课堂互动及其他活动。1979 年，亨茨尔（Henzl）指出，考虑到学习者的语言水平不同，教师可对其话语中的词汇、语音、语法作出调整，从而适应教学需求。一般而言，教师话语可概括为教师在课堂教学中使用的一种语言，它可根据实际的教学需求进行量身定制。辛克莱和布莱西（Brazil）提出，在教授外语类课程时，教师应运用话语与学生交流从而完成教学任务，并将教师话语话分为两类：一类是内容性语言，另一类是媒介性语言。内容性语言是指出现在书本中的学习任务的语言；媒介性语言是指教师用来组织课堂活动，解释教科书内容的语言。Ellis 强调，教师话语是指教师在课堂与第二语言学习者互相沟通交流时使用的一类特殊化语言。Nunan 指出，就语言习得而言，教师话语是外语课堂中学习者语言输入的重要来源，且教师话语在教师进行课堂活动组织与管理、实施课程计划中扮演重要角色。研究教师话语彰显重要价值。Bassmain 指出，教师话语是指外语教师或第二语言老师在课堂上所说的人为化或形式化的语言，旨在与语言学习者进行有意义的信息传递与理解。

根据以上研究者的阐释可见，他们对教师话语的定义各有侧重。但总体而言，教师话语是教师在进行知识的传授、课堂活动的组织以及课堂管理中运用的语言。教师话语可以包括课堂语言、讲授语言、师生交流语言、教师反馈语言。教师话语的形式通常有口头语、书面语和辅助的体态语等。教师话语可以被视为是人们交际话语中的一类社会变体。

目前在国内已有教师话语研究中，专门研究英语教师课堂话语的研究虽然起步较晚，但发展较快，相关成果较为丰富。以下在整理了历年来英语教师话语的研究和发展的成果的基础上，主要考察了近五年来（2015～2019 年）国内大学英语课堂的教师话语的相关研究与发展动态，总结该领域当前研究现状。

3.1.2 基于数据库的国内教师话语研究文献梳理

3.1.2.1 文献检索说明

研究基于文献调研，检索数据库为“CNKI 中国期刊全文数据库”，限定领域为“哲学与人文科学”“社会科学Ⅰ辑”以及“社会科学Ⅱ辑”，截止时间为 2019 年 12 月，在该数据库以篇名为“教师话语”并含“英语”进行精确检索，结果显示共有 633 篇文献，其中以“核心期刊”和“CSSCI”为筛选条件，检索得到结果 25 个，即论文数量为 25 篇。

3.1.2.2 文献检索结果统计分析

A 研究发展趋势

从所有文献发表数量来看，与英语这一语言相关的教师话语研究从 20 世纪 90 年代末受到研究者关注。起初几年，每年平均发表数不超过 2 篇，从 2003 年到 2013 年总体出现平稳上升，2013 年迎来该领域研究的一个小型高峰，发表数量达到 75 篇，此后至 2014 年出现整体下降趋势，近 5 年来数据平稳波动，保持在平均每年 30 篇左右的论文数量。为了更直观地观察，可参看中国知网的文章发表量趋势，英语教师话语研究发展趋势（1998～2019 年），如图 3-1 所示。

图 3-2 所示为以篇名为“教师话语”并含“英语”进行精确检索，获得的核心期刊、CSSCI 期刊文献数量，共 25 篇。从核心期刊、CSSCI 期刊文献的年度发表趋势来看，英语教师话语研究的前十年（1998～2008）保持每年 1 篇的数量，2009 年达到高峰，论文数量为 4 篇。2010 年到 2019 年，数量维持在每年 2 篇，具体可参看图 3-2。

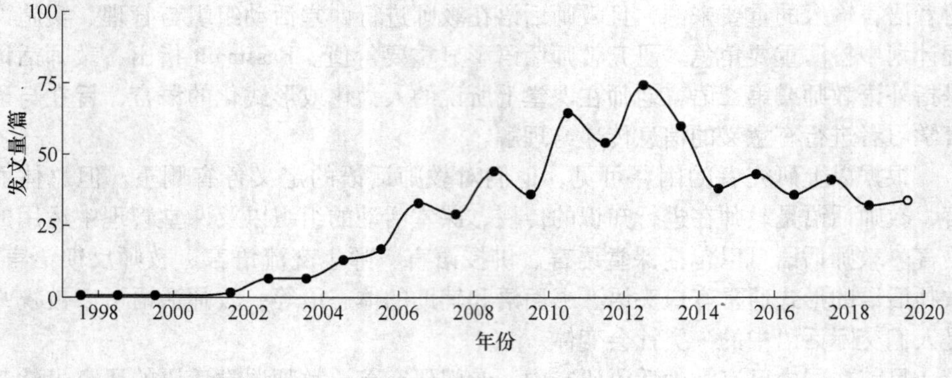

图 3-1　英语教师话语研究年度发展趋势（1998～2019 年）(一)

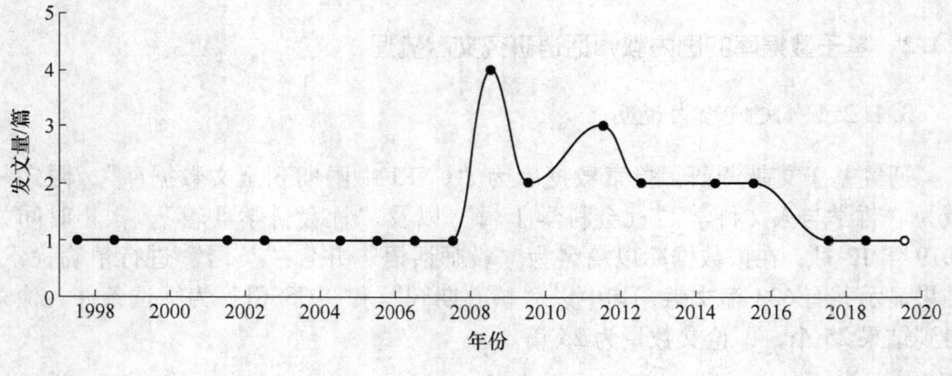

图 3-2　英语教师话语研究年度发展趋势（1998～2019 年）(二)

图 3-3 所示为将检索范围扩大得到的结果。以主题为“教师话语”并含“英语”进行精确检索，获得的核心期刊、CSSCI 期刊文献数量为 92 篇。从核心期刊、CSSCI 期刊文献的年度发表趋势来看，英语教师话语研究的前五年同样保持在每年 1～2 篇的数量，从 2003 年起直到 2009 年，数量不断上升，从年度发表 1 篇到 8 篇的高峰，2010 年回落到 4 篇，2011～2016 年维持在平均 6～8 篇的数量，2017 年下降到 1 篇，近两年仅有 3～4 篇的较低发表数量，具体可参看图 3-3。

B　研究对象与方法

在当前文献中，对 92 篇核心期刊、CSSCI 期刊上发表的论文的主题进行可视化分析后发现，探讨较多的主题为“教师话语”“学习者”“课堂教学”“班级授课制”“教学方式”“语言输入”“语言习得”“课堂互动”“大学英语教师”“话语量”

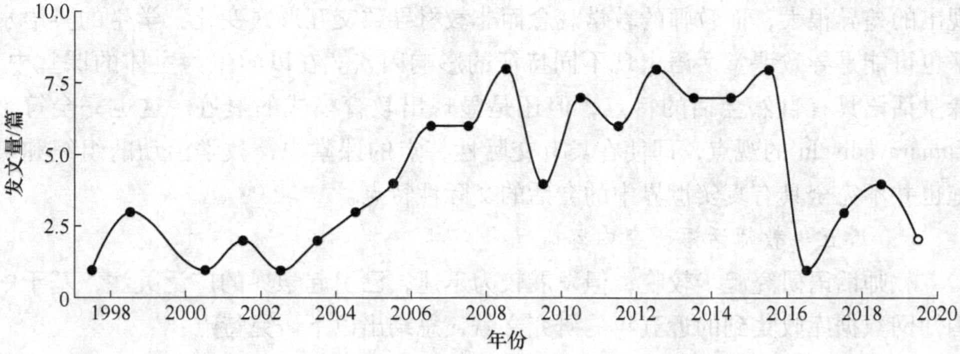

图 3-3 英语教师话语研究年度发展趋势（1998～2019 年）(三)

“英语教师”“英语教学”“话语分析”等，研究结合对文章主题和文章摘要的梳理与分析，发现国内关于英语教师话语的研究多集中于理论引入与应用、研究综述及课堂话语模式的设计与论证等。从教学法视角探讨教师话语，借鉴语言学、心理学等跨学科的方法，但主要运用的是定量分析的方法，考察教师话语的话语量、话语中的词汇、提问种类、教师话语的语码转换等。实证性研究开始出现，但从数量上来看，仍属于少数。国内早期涉及教师话语话题的实证研究主要有赵晓红、周星、周韵以及咸修斌、孙晓丽等多位学者的成果。

赵晓红通过随堂观察、录制课堂话语音频、记录及进行师生访谈的方法，分析了 8 位大学英语阅读课的教师话语中的具体成分及其教学意义。研究具体探讨了教师课堂话语的量与质、教师提问形式、内容与方式、教师对学生问题回应作出的反馈的分类与作用、教师讲解的内容与方式，并进一步讨论了教学中的问题及教学方法。周星和周韵首先介绍了 Allwright 和 Bailey 总结的课堂教学研究的常用方法，主要有三类：第一类是实验研究法，第二类是行动研究法，第三类是自然调查法。其中，实验研究是研究人员通过干预和控制某些变量来确定某些因果关系。行动研究是指研究人员在课堂上实施一定的教学行为，然后系统地观察并研究其产生的影响和结果。自然调查是指研究人员在无外界干预下对课堂里自然的教学行为进行观察和分析，旨在描述和理解实际教学过程。常见的方法是观察、案例研究和问卷。他们运用录音与问卷调查法，从交互主义认知角度，分析以学生为中心的教学模式下的教师话语，讨论了话语量、提问、交互、反馈语等多项特征。研究发现，该教学模式更加有利于学习者与教师的交流，在语言输出和输入方面获得更多的机会。咸修斌、孙晓丽选取 6 位优秀教师的课堂话语作为分析对象，运用自然调查法探索大学英语课堂中交互形式的特点，并考察使用不同的教材对课堂话语交互形式是否有影响。研究分别分析了话语量、提问、交互以及意义协商的特征、反馈等特点。研究表明，优秀教师这一群体的课堂话语呈现出的差异很大，而教师的教学观念而非教材导致交互形式变化，学生的英语水平也可能是导致课堂话语出现不同特征的影响因素。在以学生为主体的课堂中，课堂话语具有自然会话的特点，但还是显现出教育模式的痕迹。这也完全符合 Kumaravadivelu 的观点，即使在具有交际性特点的课堂中，教学活动的组织和实施也并不完全具有真实世界中的会话的交际性特点。

C 近五年教师话语研究内容概况

教师话语研究起步较晚，但发展较为迅速，已引起学界的广泛关注，基于中国知网数据库收集到的近五年的研究文献，总结出以下研究特点：

a 关注的教师群体

从教师话语研究关注的英语教师群体来看，大多数研究探讨的是大学里的英语课堂教学，中小学英语课堂教学探讨得较少一些。研究关注对象主要为国内大学的英语教师，其次为小学的英语教师，研究聚焦于小学课堂英语教师话语中存在的语用失误现象、教学语言有效性、优化策略、小学生知识的有效建构。其中极少数研究探讨了中学英语教师和外籍教师，如海春花等人通过分析中学教师的教学话语，探讨师生课堂互动的有效性，廖英和张月丽运用课堂观察法分析外籍教师的教学特征。

b 不同的英语课堂模式

从课堂教学的模式来看，多数探讨的是传统的以教师为中心的教学模式下的教师话语，少数关注以学生中心的教学模式。同时，微课、翻转课堂等新型教学模式中的教师话语也开始得到关注。

李晔、赵冬梅对大学英语微课程中的教师话语进行了教学效用方面的分析，研究对象为大一年级综合课程获奖作品中的话语，分别对话语的语速与句法复杂度进行了分析。对 15 个微课样本的研究发现，教师话语结构太过简化，不能成为学习者可理解性输入的来源，这在一定程度上浪费了信息和教育资源，对学习者的语言习得也产生负面了影响。教师应当充分利用在线教育技术手段，认识教师话语作为语言输入的来源渠道之一的重要性，帮助学习者与目标语文化进行顺畅的沟通交流。吕京等人指出目前英语翻转课堂中的教师话语存在的问题，如教师的指令性话语单一重复、陈述性话语语使用过于频繁、提问语言缺乏思考，无法实现较为真实的交际形式，且反馈语也较为单调重复。研究提出了相应的改进翻转课堂话语的策略。教师话语应当关注学生的差异性、主体性以及参与课堂的积极性，指令明确规范，提问灵活适宜，反馈避免千篇一律，以正面积极的鼓励为主。范瑜、王永祥从哲学的角度探讨了大学英语教师课堂话语中的对话性，研究提出了一些具体的教学建议，如教师需要注意教学内容的可对话性、教师需要为学生提供民主平等、开放的学习交际环境，从而有利于激发学生学习的主动性与积极性。戚亚军、庄智象指出，课堂话语的研究不仅需要对话语互动的形态作出理论阐释，还应该更多地探究构建师生互动对话的实践特征；研究回顾了关于话语本体研究的三个主要的学术范式，指出教师课堂话语研究的最重要的任务在于建构生命型的对话课堂，在对话中通过言语行为，重塑师生交流互动方式，从"会话"向"对话"不断转变，从而促进课堂话语研究的范式转变。

c 研究方法

从研究方法来看，已开展的教师话语研究的方法各异，多数采用的是定量分析，定性分析相对较少一些。近五年来，实证研究趋势也较为明显。越来越多的研究采用了实证研究，部分研究选择课堂观察法，以课堂实录（录音和录像）为主。

d 理论视角

从教师话语研究的理论视角来看，研究仍然延续传统，从多个视角展开，如运用系统功能语言学理论（如语气理论）、社会学理论（如语义波理论）、二语习得理论等，进行跨学科研究。

蔡敏运用系统功能语言学里的语气理论，选取"外教社"杯全国高校外语教学大赛获奖作品中的教师话语，考察其主语的人称与语气结构，并分析话语背后的意义。研究发现，首先，教师在进行教学互动时，体现出以学生为中心的教学理念；其次，教师运用各种丰富的语气结构，灵活地实施课堂教学，其中主要使用的是陈述语气与疑问语气，反映出教师"传道受业解惑"的角色。整体而言，体现出了老师的专业性、互动性与礼貌性。张德禄、覃玖英对以往相关研究进行了综述，并将该理论应用于英语教师话语分析，以探讨该理论的适用性。研究表明，将"语义波"理论应用于大学英语课堂教师话语实例分析，不但拓宽了教师话语分析、课堂教学设计和教学效果研究的视角，同时也为学生的知识建构和累积式学习提供了依据。李晔、赵冬梅解读了二语习得领域的输出理论，并分析了大学英语教师课堂互动中的意义协商与输出，通过挖掘教师在课堂对学生的负面反馈语消失的原因，提出优化课堂教学互动中的教师话语策略。

e 具体分析对象

从分析对象来看，目前的研究侧重于分析课堂话语的组织、教师提问、反馈、互动中的教师话语、教师多模态话语等，探讨话语的具体使用与呈现的特点。

李秀探讨了英语课堂教师话语体现出的学科特点，他提出英语教师应当为学习者提供规范性的语言输入，如语音、语法、语义等，注意语码转换的适度，采用英语为主、汉语为辅的方式，注意语体的示范性，在不同的语境下灵活地使用语体等。张弓根据教师在课堂发挥的作用，将课堂话语的组织形式归纳为三种，其一是以教师为主体的课堂教学，其二是师生地位平等的课堂，其三是以学生为主体的课堂。三种课堂教学形式中的教师话语呈现出不同的特征：以教师为主体的课堂话语主要围绕知识的传递和问题的解答；师生平等的课堂教学形式侧重话语的共同建构；以学术为主题的课堂组织形式注重发挥学生的主体作用，进行探究式学习，强调的是学生的话语建构。

关于教师提问的研究，主要是定量研究较多，少数研究为定性研究，探讨师生互动过程中提问特征。董明从语部、话轮转换和问题设计三个方面，采用定性分析方法，探讨了课堂互动话语中教师提问的语言特征、问题设计以及教学目标与效果等。研究发现，在“任务型”交际课堂中，师生互动处在不断变化和发展中，教师与学生应当共同合作才能有效地建构话语的意义。因此，对于教师提问的探讨，需要考虑到不断变化的语境，在微观的语境下考察教师话语中的话轮转换、序列结构以及词汇等会话策略，梳理窥探教师提问、课堂语境与教学效果之间的联系。

滕飞从教师提问研究的理论、研究方法、教师提问的问题种类等三个方面，对教师提问研究进行了梳理与分析。从该研究中可见，教师提问研究呈现出多维度、多样化的特点。目前的教师提问研究主要分析的是教师提问的问题特征和师生互动的过程，旨在探索如何使学生获得高效的语言习得和知识输入效果。教师提问研究运用的理论主要是来自二语习得领域、社会文化理论及交互主义理论。教师提问的问题种类主要分为两类：反馈性的和看法性的问题。教师提问研究的方法主要有课堂观察等。

王春姣比较分析了中美教师话语的反馈方式，探讨在课堂教学中提升教师话语的反馈效果的策略。她指出，在中国教师的课堂中，教师的话语反馈关注的是问题和答案，而在美国课堂中，教师主要是围绕开放性话题探索信息，进行非结构性的、多角度的话语意义的建构。通过师生间对不确定意义的协商，促进师生话语反馈和学生与学生间的话语反馈处于动态的教学状态，这些话语反馈的内容、类型和反馈方式等对中国的教师话语具有很好的启发作用。

董明将微观语境中的师生互动作为出发点，运用会话分析的方法分析了在任务型交际教学课堂中的课堂互动语料，探讨了大学英语课堂教师话语的特征及其语用功能，提出优化教师话语的多个具体策略，如教师可以进行更深层次的师生互动，优化教师提问策略；教师多倾听学生的话语，并进行意义协商，寻找恰当的时机，运用恰当的方式对学生进行语言的支持，明确教学目标，教师对学生的话语可进行适当修正，同时多给出正面的积极的内容式反馈以激励学生学习的主动性。

其中，教师话语的多模态研究还较为少见，非言语类的交际行为在真实的课堂教学中发挥着作用，该方面的研究也不容忽视。刘国强、汪华阐述了例示化原型概念和教师话语的有效性指标，并选取两名教师的微课视频，从口语、姿势和空间三种模态考察教师课堂话语，分析教师课堂话语有效性的三个指标，寻找教师的原型话语，讨论多模态话语的使用是否能够促进课堂教学，探讨教师话语模态有效运用的策略。

教师话语是英语课堂中师生互动交际的工具，对英语课堂教师话语的研究可以更好地帮助我们提升教学效果。以上分析基于中国知网数据库中收集到的文献，梳理了英语教师话语研究趋势、教师话语研究对象与方法。分析表明，近五年（2015～2019 年）来，英语教师群体的话语研究数量越来越多，跨学科的、多元化的趋势日益明显。近五年英语教师话语研究的特点主要体现在以下几个方面：首先，研究者根据英语教师群体的不同、英语课堂教学模式的不同，采用不同的研究方法和理论视角，进行跨学科的分析；其次，研究具体分析的对象各有差异，从宏观的课堂话语的组织形式到微观的教师提问、教师反馈、师生课堂互动中的教师话语等对教师话语的具体使用与特点加以分析；最后，少数研究也关注了多模态话语的探讨。

总的来说，教师话语研究仍然处于发展阶段，教师话语作为教师开展课堂教学、组织教学活动、执行教学任务的重要手段，今后仍然是研究者们研究外语教学的一个很重要的方面。下文将运用语用学理论和教学话语理论探讨教师话语及其使用策略。

3.2　教师幽默话语分析[1]

教师的幽默话语在教学中能够起到重要作用。运用幽默不仅能够形成轻松的学习氛围，还可激发学生的学习兴趣，从而大大提高课堂教学效率。目前，从语言学角度针对幽默话语的研究成果十分丰富。但从语用学视角，对教师的幽默话语研究还较少涉及。本文运用言语行为理论和合作原则，以教师的幽默话语为研究对象，分析其产生机制。研究表明，教师可使听众误解或曲解言内行为和言外行为产生幽默，也可通过违反合作原则中的四条准则达到幽默效果，实现有效课堂教学。

3.2.1　引言

在课堂教学过程中，教师合理地运用轻松幽默的话语能够营造愉快放松的课堂气氛，激发学生的学习热情，帮助学生专注听讲，提高课堂教学的效果。因而，广大教师如果能培养幽默的教学风格，在课堂上多运用幽默将对课堂教学大

[1] 本节引自《教师幽默话语的语用分析》一文。本文原载于《信阳农业高等专科学校学报》2012 年第 22 卷第 4 期 87-89 页。作者：汪婷婷，陈艺琳，熊灵燕。有改动。

有裨益。本小节试图从语用学角度，运用言语行为理论和合作原则，对新东方教师王强老师的幽默风趣的话语进行个案分析，从不同角度观察分析教师话语中的幽默如何产生。

3.2.2　运用言语行为理论分析教师幽默话语

"巴利·史密斯和塞尔都提到言语行为对社会现实的作用"。言语行为理论强调，语言不仅用来描述世界，语言本身也是一种行为，即人们可以通过话语来实施某种行为，从而对社会现实产生作用。该理论最早由奥斯汀提出。奥斯汀首先提出施为句和表述句二分法，后经完善，提出言语行为三分说，即言语行为由言内行为、言外行为和言后行为构成。约翰·塞尔（John Searle）进一步将言语行为理论系统化，他认为，所有语言交际都涉及语言行为，语言交际的单位并非符号、单词或句子而是其所实施的言语行为。"在 Austin 言语行为三分说的基础上，Searle 对言语行为作出了更为全面的考察"，并将言语行为分为五大类：陈述类、指令类、承诺类、表达类和宣告类。该分类被广泛接受，并具有深远的影响力。另外，塞尔提出间接言语行为理论。他将间接言语行为定义为通过实施一种言语行为来间接地实施另一种言语行为。因此，对话语的理解要考虑到多方面因素，如具体情境、说话者双方背景信息、说话者身份地位等。运用言语行为理论分析课堂语境中的幽默话语，言内行为是指表达出幽默的话语的字面意义；言外行为是说话者通过某话语表达出其某种意图，即令听众发笑等；而言后行为则是该幽默话语"通常对听话者或说话者或其他人的情感、思想或行为方面产生的某种后果"，即是否引人发笑等。

3.2.2.1　言内行为理解不当产生幽默

例 1　I'm dirty. My wife is dirty, too.

说话者举例说到一夫妇在美国时说的一句话，事实上，此处应为"thirty"，这里，说话者通过使用陈述言语行为，其言外之意在于引起听众对发音的重视，通过使用"dirty"一词，体现出与正确发音之间的强烈对比，引人发笑。

例 2　A：你是被大学录取了？

B：是。

A：哪个大学？

B：北京大学。

A：这我知道，你告诉我北京哪个大学？

教师在证明"北京大学"不够出名时，给出此幽默案例。对话中，由于听话者对"北京大学"的字面意义产生误解，原意特指北京一所著名大学，而听话者泛指为北京市的一所大学。因而其回答让人出乎意料，导致幽默产生。

3.2.2.2 言外行为理解不当产生幽默

例3 A：Excuse me, sir. I have a question for you.

B：Go ahead.

A：Can you tell me why this paragraph is printed on this page?

B：Because that page was used up.

此处引用其在计算机课堂上目睹的一学生和教授之间的对话。学生使用疑问句表达指令类言语行为，其言外之意在于请求教授告知“该段出现在文章中有何作用?”，但教授有意曲解其言外之意，仅从字面意义来理解此话语，因而产生幽默效果。

3.2.3 运用合作原则分析教师幽默话语

19世纪60年代后期，美国语言哲学家格赖斯（Grice）在哈佛大学演讲时提出“合作原则”（cooperative principle）。在他看来，在任何交际活动中，为了保证会话能够顺利进行，说话人和听话人双方必须遵守一定的原则，即合作原则。格赖斯将这些原则细分为四点准则，并作出说明：

（1）数量准则（quantity maxim）。

1）所说的话应包含交谈目的所需信息；

2）所说的话不应超出交际所需信息。

（2）质量准则（quality maxim）：要说真实可信的话。

1）不要说自己认为不真实的话；

2）不要说缺乏足够证据的话。

（3）关系准则（relation maxim）：说话要有关联。

（4）方式准则（manner maxim）：说话要清楚明白。

1）避免晦涩；

2）避免歧义；

3）简洁；

4）条理清晰。

为了使交际顺利进行，交际双方都应遵守以上准则，但在实际交际情境中，交际双方为达到特殊的目的和交际意图而有意违反以上准则。本研究通过观察教师话语发现，在教师授课或演讲过程中，其话语通常会违反合作原则中的某条准则，从而制造出幽默。通过进一步分析发现，教师话语对各项准则的违反均可达到幽默效果。

3.2.3.1 违反数量原则产生幽默

例4 什么是love？举个例子说，这十多年来你妈对你爸的一种情感，比如，每天早晨六点起来熬豆浆、炸油条，并且不卖。

教师在界定“love”这一概念时，给出多余信息“并且不卖”，违反数量原则，引起听众发笑。

例 5　我十分感谢你，我爸也感谢你，我祖父也在地狱里向你召唤。

在讲解日本人与美国人的思维方式时，教师举例提到日本人在书信的最后会表达感谢，但给出过量信息“我祖父也在地狱里向你召唤”，违反了数量原则，达到幽默的交际效果。

3.2.3.2　违反质量原则产生幽默

例 6　“五讲、四美、三热爱”翻译为“five talks, four beauties, three lovers”。

此例中，教师有意将以上三个术语进行直译，并进一步将其理解为“谈五次恋爱，发现四个美人，爱上三个”，通过故意曲解原意，违反了会话中的质量原则，从而产生幽默，使人听后印象深刻。

例 7　以前在北大没人叫出他的名字来，他自己都忘了，因为经常没人叫嘛。

正常情况下，每个人都知道自己的名字。从这句话中可看出，说话者说出了缺乏证据和并不真实的话，因而违反了质量原则，制造出愉悦氛围，有效吸引了学生的注意力。

3.2.3.3　违反关联原则产生幽默

例 8　洋装虽然穿在身，我心依然是中国心。

教师运用该歌词贴切地表达出其观点，即中国人讲英语时只是用英语作为外在符号即洋装，本质上仍然是通过中国人的思维方式表达思想，即依然是中国心。通过诙谐的语言从学习英语口语到中文歌曲，违反了相关原则，但产生出幽默效果，并有效传递知识信息。

例 9　My wife is a wolf.

界定“wife”这个概念时，王强老师举出此例，从表面上看违反了关联原则，因 wife 和 wolf 之间并无直接联系，但可使人产生联想，因而产生幽默效果。

3.2.3.4　违反方式原则产生幽默

例 10　计算机是人发明的东西；凡是人都应该懂人的东西；如果我不能学计算机，我不是人。

演讲者在自问是否有能力学计算机时，并未直接简要地用“能”与“不能”来自答，而是使用亚里士多德形式逻辑三段论，最终得出结论，自己有能力学计算机。从中我们可看出，其违反了方式原则，反而能够更加有新意地表达出自己的观点，并产生幽默。

例 11 她们都不太具有市场竞争能力，离美丽都十分的遥远。不仅十分遥远，还长得千奇百怪。不仅千奇百怪，还达到了过目难忘的境界。

在讲解英美人注重独特性，而中国人强调相同性时，举出例 11，即老外眼中娶的美女要长相独特，且在他看来并不美，但他并未直接指出，而是使用一系列的词语形容，显然违反了说话要简洁的方式准则，产生出幽默效果，并加深了学生对“西方文化中的独特性”的理解。由此可见，“要把课讲得生动有趣，富有感染力，把苦学变为乐学，要求教师的教学语言应声情并茂、妙语连珠、妙趣横生”。

3.2.4 总结

本节从语用学视角，运用言语行为理论和合作原则，对教师授课和演讲的话语材料进行实例分析，从不同角度探讨了教师话语的幽默生成机制。研究表明，无论教师是有意还是无意，当其话语在字面意义和其言外之意上产生模糊时，经推敲可产生幽默效果。同时教师话语也可通过违反合作原则中的各项准则，制造幽默。理解了幽默的生成机制，可促进教师培养幽默教学风格，营造轻松有趣的课堂教学氛围，从而提高课堂教学效率。

3.3 教师规约话语范式及功能分析[1]

课堂话语是教师组织和从事教学的课堂语言。目前高校教师课堂规约话语研究较少。本小节从教学话语理论和语用学理论视角出发，探讨其在高校课堂中的使用范式及功能，并在实践层面提出优化规约话语使用的语用策略，以期建立和谐、平等的师生关系，提升教师规约话语的教学功能。研究发现，教师课堂规约话语具有组织教学活动、促进学生语言输出、充分发挥学生主动性以及创建民主平等的师生关系等功能。教师应当灵活运用多种指令语句式、多运用缓和/导语式指令语、注重间接指令语的有效运用，且教师指令应条理清晰、重点突出。

3.3.1 引言

师生关系是否平等、课堂教学氛围是否和谐，其影响因素涉及诸多方面。课堂教学话语，作为教师在课堂上传授知识技能、教书育人及组织实施课堂教学活

[1] 本节引自《高校英语教师课堂规约话语范式及功能研究》一文。本文原载于《江西理工大学学报》2016 年第 37 卷第 4 期 79-83 页。作者：汪婷婷，邹晓萍，曾繁健。有改动。

动时使用的语言，对平等的师生地位关系以及融洽的课堂环境的形成起着关键作用。英国教育社会学家巴兹尔·伯恩斯坦（Basil Bernstein）指出课堂教学话语由规约（regulative discourse）话语和教导话语构成。其中，Christie 将规约话语定义为在课堂语境中教师和学生之间的交流或话语受到教育机构制度和规则的制约。

3.3.2　理论概述

3.3.2.1　教学话语理论

伯恩斯坦最早于20世纪60年代开展教学话语理论研究。Bernstein 认为教学话语由教导话语和规约话语两部分组成。教导话语受到社会秩序规约限制，是关于种种技能以及技能之间关系的话语或规则。规约话语是主导性的话语或规则，与道德和社会秩序有关。在学校教育中，教学话语指的是能够把学生培养成有能力参与主流社会认可的社会实践的话语。Bernstein 指出，在不同的社会文化背景下，学生不仅受在校所学科目的教导话语规约的限制，还会受学校规章制度的约束。因此，教师和学生在课堂语境下的交流或话语同样受到教育机构规章制度和规则的制约。而课堂规约话语在很大程度上是学科知识学习与建构、语言技能培养的先决因素，决定着教导话语的流量、次序和质量。因此，我们需要关注规约话语研究而非只关注课堂教导话语，以达到全面了解课堂教学话语的目的。

3.3.2.2　言语行为理论

奥斯汀提出，语言交际的单位是运用词汇、短语或句子实施的言语行为。即说话者说出任何一句有意义的话语时可能同时实施三种行为：言内行为、言外行为和言后行为。其中，言外行为是说话者通过说话来表达说话者意图的行为，是语言交际的中心。约翰·塞尔系统地完善了言语行为理论。他认为语言交际的最小单位并非语音、词汇、短语和句子等，而是言语行为本身。他将言外行为分为阐述类行为、指令类行为、承诺类行为、表达类行为、宣告类行为。其中，指令类（directive）行为是指说话者通过说话指使或指令听话者去做某事的行为。随后，塞尔（Searle）提出间接言语行为理论。他指出，“间接言语行为是通过实施一个言语行为来间接地实施另一个言语行为。”并将间接言语行为分为规约性和非规约性间接言语行为。

3.3.3　研究设计

教师指令语是课堂中的规约话语之一。教师指令语是教师传授知识和组织课堂教学的重要手段，在民主和谐的课堂环境和平等的师生地位关系的形成中发挥至关重要的作用。教师指令的有效程度直接关系到课堂教学效果。因此，指令语研究对课堂教学有着一定的理论和实践意义。言语行为理论认为，指令类行为是说话者通过说话指使或指令听话者去做某事的行为。

3.3.3.1 样本选取与研究方法

语料选自第二届全国大学英语教学竞赛全国总决赛听说组获得一、二等奖的两位教师的教学录像，课型为听说课，讨论话题分别为“The Man-made World”（教师1，简称T1）和“Computers Are Everywhere”（教师2，简称T2），体裁结构包括导入、听力、口语和作业。教学录像为比赛时的现场授课录像，总长度为20分钟。教学对象为大赛承办学校的学生，与授课教师并不相识。教学过程发生在按传统模式安排的讲台和桌椅的教室里。采用自然调查法开展研究，对课堂上师生之间的教学互动等自然发生的现象不采取任何干预手段。

3.3.3.2 结果分析与讨论

通过转写教学录像中的教师话语，并对教师指令语进行标注、分析与描述，回答以下三个问题：第一，高校教师课堂指令语具有何种功能？第二，高校教师使用了哪些课堂指令语范式？第三，如何运用课堂指令语构建高校和谐平等的师生课堂地位关系？首先，参照刘永兵、张会平的分类标准，建立以下分类体系，该分类系统由词汇、短语或句子的语法形式和请求策略构成（表3-1），同时详细分析指令语的句子类型（表3-2）以及缓和/导语式指令语的使用情况（表3-3）。再根据刘永兵、张会平的观点，此分类模式适用于辨别量化教师指令语的语法形式；明确量化教师是否使用以及使用了何种交际策略；明确量化指令语的语用功能。因此，依据此系统和上下文语境对语料进行人工标注、观察和数据统计。

表3-1 高校教师指令语分类

使用策略	句子结构	话语形式	T1		T2	
			n	%	*n*	%
直接指令	祈使句	赤裸式（Do sth.）	8	8.4	9	10
		缓和/导语式（Ok, do sth. / Please do sth.）	16	16.8	3	3.3
		包容式（Let's do sth.）	12	12.6	3	3.3
		省略式（Np/Address term）	8	8.4	1	1.1
	陈述句	希望/需要式（I want/need you to do sth.）	3	3.1	1	1.1
		任务式（You are going to do sth.）	0	0	4	4.4

续表 3-1

使用策略	句子结构	话语形式	T1 n	T1 %	T2 n	T2 %
间接指令	疑问句	赤裸提问式（What/How Where…?）	13	13.7	16	17.8
		缓和提问式（Ok，where…?）	12	12.6	11	12.2
		建议式（How about sth?）	7	7.4	7	7.8
		能力式（Can you do sth?）	2	2.1	0	0
		意愿式（Would you like to do sth?）	1	1.1	16	17.8
	陈述句（含情态动词）	模糊施为句（I would like to ask you to do sth.）	0	0	5	5.6
		许可式（You can/will do sth.）	2	2.1	5	5.6
		建议式（You should do sth.）	2	2.1	0	0
	陈述句+附加问句	…, get it?	8	8.4	9	10
	陈述句表非规约性指令	Thank you. Thank you very much.	1	1.1	0	0

注：话语数量用 n 表示。

表 3-2　指令语的句子类型

教师	数量/句子结构	祈使句	陈述句	疑问句	话语总数
T1	指令语	44	16	35	95
	百分比/%	46.2	16.8	36.9	100
T2	指令语	16	24	50	90
	百分比/%	17.7	26.7	55.6	100

表 3-3　缓和/导语式指令语

教师	数量/句子结构	祈使句	陈述句	疑问句	指令话语
T1	总数	44	16	35	95
	缓和/导语式数目	17	4	16	37
	百分比/%	38.6	25	45.7	38.9
T2	总数	16	24	50	90
	缓和/导语式数目	4	7	23	34
	百分比/%	25	29.2	46	37.8

3.3.4 结果与讨论

3.3.4.1 指令语的语用功能分析

教师在课堂上使用的指令性话语是课堂互动、教学内容传授以及课堂活动组织的重要交际媒介，同时对学生的语言习得起到至关重要的作用。Hughes 认为在课堂教学中，教师选择不同的语言功能，能够表现出教师对待学生的态度，并最终影响学生的心理活动和教学效果。由表 3-1 可以看出，高校教师使用的指令语句式主要有三类：祈使句、陈述句和疑问句，分别传达直接的指令和间接的指令。具体有以下几种功能：

（1）明确任务要求，组织教学活动。教师指令用语的主要功能就是组织学生完成教师所布置的课堂任务。那么如何使学生既迅速又明确地执行任务则取决于教师指令语的质量，通常，教师使用祈使句形式发出直接指令，运用陈述句或疑问句发出间接指令。如：

例 12　Let's read three phrases together.

例 13　Then, our next mission is to explore the mechanism of stress.

例 14　How about this gentleman?

例 15　So where is the microphone?

例 12 通过简单句直接给出指令，清晰明了，学生不需深思便能理解。例 13 使用陈述句告知学生下一个指令。例 14 使用疑问句，通过提问的方式委婉地请求学生回答问题。例 15 通过疑问句的方式，指示学生将麦克风拿过来。从上例中可看出，无论是使用何种语言表达形式，通过直接的方式还是间接方式，但本质上，其功能都是教师向学生布置课堂任务。

（2）降低课堂焦虑，增加学生语言输出。民主和谐的课堂教学氛围有利于促进学生积极参与课堂教学互动，增强学生的学习积极性，降低课堂焦虑感。经研究发现，教师可通过恰当运用规约话语来达到创造民主、平等、和谐的课堂氛围、降低学生课堂焦虑的目的。例如：

例 16　Now please brace yourself up and let's embark on a scientific journey of stress.

例 17　OK. So get yourself ready, are you ready?

例 16 在发出任务指令的之前，先请学生振奋精神，从而引导学生做好心理准备。例 17 在发出任务指令以后，并未立即让学生回答，而是进一步通过指令言语行为，给学生思考的时间和过程；紧接着用附加疑问句来与学生交流，确认学生是否做好回答准备。从而使学生拥有一定的掌控学习进程的自由，避免了挫败学生的学习积极性。因此，教师可选择多种形式的指令语来缓解学生的焦虑感，营造轻松的学习环境，鼓励学生参与课堂活动，增加学生语言输出的机会。

（3）培养学生思维能力，发挥学生的主体作用。高校教学的最终目标是将学生培养为独立、自主、高效的学习者。因而，培养学生的思维能力和学习能力就显得非常重要。教师可以灵活使用课堂指令话语启发学生思维，提高学生自主学习、独立思考与解决问题的能力。例如：

例 18 Please observe the chain reaction.

例 19 And now I guess maybe we can take more global view and think about the concluding section or the concluding sentence.

在学生完成课堂任务遇到阻碍时，例 18 中教师运用指令引导学生观察“连锁反应”，培养学生从不同角度思考问题，目的是为了进一步解答问题。例 19 中，教师使用“I guess maybe we can take more global view”以建议的句式发出指令，引导学生从全局的角度思考问题。教师在课堂上巧妙地将教学内容融入指令性话语中，并进行恰当地使用，能够有效地指引学生自主探究与解决问题，从而提升课堂教学效果。

（4）维护学生尊严，创建和谐平等的师生关系。教师话语的选择往往直接影响到课堂教学质量。原因之一就在于，教师话语对于维护学生尊严、构建和谐平等的师生课堂地位关系，有着重要作用。因此，教师在教学中应充分发挥其主导作用，从学生的角度进行换位思考，在传授知识技能的同时，应充分尊重学生的人格尊严，从而提高课堂教学效果。这就需要教师在教学中选择一些间接的、礼貌程度较高的指令语来体现对学生的尊重。例如：

例 20 So please refer to your handout what does it mean.

当学生回答不出教师所提的问题时，教师并未选择批评，或直接给出答案，而是通过间接指令言语行为鼓励学生自己找出答案，从而维护其自尊心。

例 21 So in this video, you are coming across the following useful expressions, would you please go through them very quickly and share with me something new to you?

例 22 Would you like to add some other words?

例 23 Or let's think of a bigger picture.

例 21 和例 22 分别使用以“would you please/would you like”开头的疑问句，向学生提出委婉请求，以请求的方式给学生分配任务，从而缓和了发出指令的语气，体现出平等民主的师生地位关系。同样，在例 23 中，学生回答问题遇阻时，教师使用间接指令引导学生换角度思考，避免了学生沉默的尴尬，反映出对学生的尊重和支持。总之，指令语有丰富的语用功能，运用恰当得体，便能鼓励学生积极参与课堂，创设良好的课堂学习气氛。

3.3.4.2 高校教师规约话语——指令语的范式构建

（1）灵活运用多种指令语句式。由表 3-1 可看出，本研究中的两位高校教师分别使用了三类指令语句式：祈使句、陈述句和疑问句。在这三类句式中，T1 的指令话语中约有 46.2% 的祈使句，而 T2 相对较少，约 17.7%。T1 使用了约 16.8% 的陈述句，而 T2 使用了约 26.7% 的陈述句（该陈述句包含陈述句和附加问句）。本书中的疑问句虽以疑问的形式出现，但塞尔认为，当某一言语行为被用于实施另一个言语行为的施为用意时即为间接言语行为。该类疑问句通常作为发出请求的指令，即需要听话者做出回应的指令性言语行为。T1 使用了约 36.9% 的疑问句，T2 使用了约 55.6% 的疑问句。通常情况下，祈使句形式多用于表达直接指令，增强指令执行力。而陈述句和疑问句在此多用于发出间接指令，引导学生思考，帮助学生理解和更好地执行任务，本书中疑问句式的总体使用频率最高。根据语用理论，使用祈使句表达的礼貌程度较低，而陈述句和疑问句表达的礼貌程度则较高。因而，教师在运用之前，应根据学生需求和教学需要，多元化呈现指令，增强课堂互动，提升教学效果。

（2）多运用缓和/导语式指令语。刘永兵、张会平指出，“‘请求’或‘命令’话语行为可以由不同的语言表达形式或语用策略来实现，而大多数策略都由某种句式的变异和附加语码标识语来实现”。本书将缺乏语码标识语如“please、okay、well”等的指令语定义为赤裸式，伴有语码标识语的定义为缓和式（mitigated）/导语式（prefaced）。由表 3-3 可以看出，两位教师在发出指令时分别使用了 38.9% 和 37.8% 的缓和式指令。尽管祈使句表达的礼貌程度较低，但两位教师均频繁地使用了缓和式句型。T1 和 T2 分别使用了 38.6% 和 25% 的缓和式祈使句，使直接指令能够温和地传达，如“Well, let's listen very carefully”。同时，T1 和 T2 也分别使用了 25% 和 29.2% 的缓和式陈述句，使礼貌程度变得更高，如“Well, my next question: when do you usually feel stressed?”尽管疑问句的礼貌程度很高，但 T1 和 T2 也使用了 45.7% 和 46% 的缓和式疑问句，如“Ok. Can I start?”。简洁明了的指令能够更加迅速地被学生理解并执行，运用缓和式/导语式指令语气较为缓和，礼貌程度更高，更加有利于营造轻松的学习氛围，促进学生学习效果。

（3）注重间接指令语的有效运用。根据以往的调查研究发现，很多教师倾向于使用直接指令，且话语形式一成不变，然而教师话语本身是学生语言习得的一个重要来源，“起着目的语使用的示范作用”。通过此次观察发现，两名教师的课堂师生互动频繁、课堂学习氛围浓厚、气氛活跃。这与间接指令在教学知识、技能传授、教学活动组织方面的有效使用有着密不可分的关系。从表 3-1 可看出，两位教师分别使用了 49.3% 和 23.2% 的直接指令，而使用间接指令语所占比例均高于直接指令，分别为 50.6% 和 76.8%，如此高的使用率显示教师们已经意识到间接指令带来的积极效果。通过使用间接指令，能够建立和谐平等的师生地位关系，促进师生默契配合，激发学生学习热情并提高学生的交际能力。因而，教师可通过有效使用间接指令语，来改变师生之间不平等的地位关系，提高教师的亲和力和教师以学生为中心的意识，实现教与学的共同参与，从而使课堂氛围和谐愉悦。

（4）教师指令应条理清晰、重点突出。通过观察发现，教师发出的指令如果过于复杂或模糊不清，将对学生理解产生不利影响，进而影响师生的默契配合。只有当教师指令的语言简洁准确，指令活动的步骤明确，指令的内容完整且具体，学生才能充分理解，学习积极性得到提高，从而提高课堂学习效率。如在指令语“The only thing you have to do is to spell the two words”中，教师运用“The only thing you have to do”使任务更加简洁明了，学生更易抓住重点。总之，教师应不断提高自身语言素养，立足于学生语言水平，认真设计课堂教学规约话语，促进师生关系的和谐发展，使学生能够充分彰显个性，发挥学习主动性和积极性，从而提高教学成效。

3.3.5　结语

教师规约话语是课堂互动研究的重要内容，从语用学的视角，以指令语为切入点，对高校教师课堂规约话语进行研究，完善了语用学和课堂话语研究的相关理论解释，并在实践层面提出优化规约话语使用的语用策略，以期建立和谐、平等的师生关系，提升教师规约话语的教学功能。研究还表明，从语用功能角度对教师规约话语进行分析可为教师话语的研究与应用提供新视角。由于条件的限制，我们只观察分析了两位高校教师的课堂规约话语。显然，我们的调查样本还较少；另外，该课堂教学视频是全国性教学竞赛公开课，并非普通教师的常规教学，因而可能会影响到教学活动的组织、安排和师生的课堂状态，从而在一定程度上影响到研究的信度和效度。这些问题值得在今后的研究中引起注意。

3.4　教师规约话语范式可接受度分析❶

本节从学生角度反观教师翻转课堂规约话语使用，采用问卷、回顾性访谈及数据统计法，调查分析学生在语言习得过程中对教师翻转课堂使用规约话语的接受程度，结果发现，教师翻转课堂规约话语的礼貌程度、话语形式的多样性并不与学生接受度成正比。回顾性访谈表明，学生对教师翻转课堂规约话语的接受度受自身英语水平影响。因此，以建立民主平等的师生课堂地位关系为出发点，高校教师应根据学生英语实际水平改进翻转课堂规约话语的使用策略。

3.4.1　引言

对教师规约话语的使用研究能够较好地判断教师在外语教学中是否较好地贯彻了“教师为主导、学生为主体”的教学理念，是否建立了师生平等的地位关系。研究表明，无论是在传统的外语课堂教学中还是在外语翻转课堂教学中，教

❶　本节引自《高校教师翻转课堂规约话语范式可接受度研究》一文。本文原载于《牡丹江教育学院学报》2018 年第 10 期 32-35，41 页。作者：汪婷婷，邓琳。有改动。

师还较为缺乏通过规约话语的使用来贯彻这一教学理念的意识。因此，教师要达到这一目的，可以首先从课堂规约话语的使用上作出改进，例如，教师在使用课堂规约话语之一——教师指令语发布指令时，建议多使用较礼貌的间接策略，少用直接策略等。类似研究成果为教师话语的使用提供了理论指导，同时也为规约话语分析提供了方向，但主要是从语料库、课堂互动效果、教师话语比较等角度得出结论，且结论的得出主要是基于教师与研究者视角，根据话语形式的礼貌程度提出改进的策略。然而，就课堂教学而言，学生是课堂的主要参与者，是教师话语的接受者，学生对于教师规约话语的接受度是否与目前的理论研究成果一致呢？仍有待进一步开展研究。鉴于此，有必要从学生的视角来开展调查与分析，使用问卷调查和回顾性访谈深入了解和分析学生对翻转课堂规约话语的接受情况，从而探究学生倾向于接受何种教师课堂话语范式。从学生的实际出发，反观教师话语使用是否有利于形成“教师为主导、学生为主体”的课堂环境，以期指导教师的课堂话语使用，为创设有利于教师教学行为和学生学习行为融合的教学话语模式提供数据支持。

3.4.2 规约话语和指令语

由于师生间交际受到教育机构制度和规则的制约，因此，教师的课堂话语不仅具有纯粹的教学功能，还具有规约师生权势关系和行为的功能，而具有该功能的话语即为课堂规约话语，从规约话语的使用可帮助了解师生的课堂地位关系。

根据 Christie 观点，教师指令语可看作课堂规约话语之一。它对学生课堂行为、身份认同和主体地位起到规约作用。Austin 认为，说话即做事。因此，人们说出一句指令语可视为实施了一个指令性言语行为（directives）。

在课堂教学中，指令性行为是指教师通过说话使学生去做某件事的行为，包括言内行为、言外行为和言后行为。指令性言内行为是教师运用某些词汇、句型结构和音位来表达字面意义的行为；指令性言外行为是指教师通过话语来发布指令的行为。言后行为是教师话语产生的后果或引起的学生的行为变化，它是通过教师讲某些话所完成的行为。一般情况下，如果教师说出的话语已经确切表达其指令的意图，那么其言内行为与言外行为一致，这类话语的形式与功能较为一致，一般由含有指令类动词的祈使句构成，即直接指令性言语行为。当教师使用疑问句式或陈述句式来发布指令时，句子形式与功能不再对应，教师所表达的指令意图超出字面意义，构成间接指令性言语行为。因此，由祈使句实现的指令构成直接指令策略，由疑问句式和陈述句式实现的指令构成间接策略。

根据指令语分类标准，设计由指令语策略、句子结构、话语形式和示例四部分构成的分类体系（表 3-4），调查非英语专业学生对课堂语境中教师指令语使用的接受度，了解学生对于课堂师生关系的认同感。在指令语策略选择上，有直接指令和间接指令之分。在实现形式上，可由祈使句、陈述句和疑问句三种句法形式实现，不同句式表达的言外之力不同，礼貌程度也不同。表 3-4 依据指令语的句法形式和相应策略按照表达的礼貌级别从低到高、从最直接到最间接依次从上向下排列。

表 3-4　指令语策略实现形式

使用策略	句子结构	话语形式	示例
直接指令	祈使句	赤裸式 bold（Do sth.）	Think about it for three minutes.
		缓和式 mitigated（Please do sth.）	Please share with us.
		导语式 prefaced（Ok，do sth.）	So take some time，make sure you read through this. Ok，everyone thinks about this.
		包容式 inclusive（Let's do sth.）	Let's get started.
间接指令	陈述句	施为式 performative（I ask you to do X.）	I'll give you a moment to read.
		模糊施为式 hedged performative（I would like you to do X.）	I'd like you to read these words.
		希望式 hope/want/需要式 need（I want/need you to do sth.）	I want you to think about it. Hope you'll think about it after class.
		义务式 obligation（You have to/must do X.）	You have to state it clearly.
		许可式 permissive（You can/will do X.）	You can write it down.
		计划式 plan（You are going to do sth.）	You are going to take notes and discuss.
		条件式 conditional（If you...）	If you look at the middle，you will find the answer.
		建议式 suggestion（I suggest...）	I suggest copying it quickly.
	疑问句	能力式 ability	Can you understand this?
		建议式 suggestory formulae	Ok，how about you?
		意愿式 willingness	Would you like to read this paragraph?

3.4.3　研究目标与方法

3.4.3.1　研究目标

现有的教师规约话语研究集中于传统课堂领域，且从对教师话语的统计分析理论推导出理想的规约话语模式，成果还较少，有待进一步丰富。该研究借鉴已有的前期研究成果，从学生的视角出发，结合学生的英语实际水平、数据分析学生对教师翻转课堂规约话语的接受度，从学生的视角反观教师规约话语的使用，以建立“教师为主导、学生为主体”的课堂环境为出发点，提出改进教师翻转课堂规约话语的使用策略。

3.4.3.2 研究问题

调查分析学生对教师规约话语使用策略和策略实现形式的接受度如何。作为课堂参与者，学生更倾向于接受较易理解的直接指令还是礼貌程度较高的间接指令。在直接策略和间接策略内部，学生对待各自的句法实现形式的态度如何。学生的接受度是否与分类体系（表3-4）里依照礼貌程度排列的句式顺序一致，学生对教师翻转课堂规约话语的接受度是否与学生的英语水平相关。

3.4.3.3 研究对象与方法

研究对象为高校教师的翻转课堂规约话语。研究随机抽样调查某地方高校非英语专业二年级学生。在调查工具和方法上，研究采用问卷调查与回顾性访谈法。调查问卷分为两部分。第一部分是调查对象的基本信息，包括姓名、性别、专业等。第二部分试题根据 Blum-kulka 研究设计，依据指令语的不同句法形式和实现策略，设计四个比较维度，由八道多项选择题组成，要求受试者从三个或四个选项中选出一个最愿意接受的选项。内容涵盖四部分：第一部分为学生对祈使句直接策略的接受度；第二部分为学生对陈述句间接策略的接受度；第三部分是学生对疑问句间接策略的接受度；第四部分为基于祈使句、陈述句和疑问句三种句式比较的接受度。问卷总体内容反映出学生对教师翻转课堂规约话语实现形式和使用策略的接受情况。

为确保问卷调查的信度和效度，调查前首先进行了预研究，再基于反馈反复研究问卷内容与结构，对问卷进一步完善。正式调查的具体操作为，在发放调查问卷前，首先对调查目的进行详细说明，简要介绍翻转课堂规约话语概念。随后在任课教师协助下，将问卷分发给 6 个专业班级的 162 名学生，每个被调查者要求在 10 分钟内认真独立地完成问卷，同时确保被调查者在自然状态下进行测试。除去 3 份无效问卷，得到 159 份有效问卷，问卷有效率为 98.15%。问卷回收后，进行数据统计分析。最后，作为对问卷的补充，在课后对部分学生进行回顾性访谈，以期更深入了解学生的英语水平以及对翻转课堂规约话语使用和师生地位关系的看法。

3.4.4 研究结果分析

根据 Brown 和 Levinson 的观点，在师生交往中，教师使用直接的指令性言语行为越多，就意味着他们更倾向于把自己当作权势高的说话者，教师使用间接策略越多，越能体现师生间关系的平等。根据数据统计分析（表3-5）可知，学生对于教师指令策略选择和实现形式的接受度并不与表3-4中按照礼貌程度所排的顺序一致，即学生对于教师指令语的接受度并不与其所表达的礼貌程度成正相关，具体分为四方面。

表3-5 指令语策略实现形式分类

序号	问题内容	选项	人数	百分比/%
1	The teacher asks you to turn to page one. The teacher says：	A. Turn to page one.	15	9.4
		B. Ok，now，turn to page one.	41	25.8
		C. Please turn to page one.	25	15.7
		D. Let's turn to page one.	78	49.1
2	The teacher asks you to listen carefully and answer the question. The teacher says：	A. Listen to me and answer the question.	15	9.4
		B. Ok，listen to me carefully and answer the question.	44	27.7
		C. Now，please listen to me carefully and answer the question.	55	34.6
		D. Let's listen carefully and answer the question.	45	28.3
3	The teacher asks you to read the first paragraph. The teacher says：	A. If you read the first paragraph，you will understand it.	51	32.1
		B. I suggest you read the first paragraph and you will understand it.	64	40.3
		C. I want you to read the first paragraph and you will understand it.	44	27.7
4	The teacher asks you to memorize this phrase. The teacher says：	A. I'd like you to memorize this phrase.	58	36.5
		B. I want you to memorize this phrase.	28	17.6
		C. You must memorize this phrase.	23	14.5
		D. I suggest you memorize this phrase.	50	31.4
5	The teacher asks you to read this phrase. The teacher says：	A. Ok，how about reading this phrase?	34	21.4
		B. Can you read this phrase?	69	43.4
		C. Would you like to read this phrase?	35	22.0
		D. Would you mind reading this phrase?	21	13.2
6	The teacher asks you to share ideas. The teacher says：	A. Ok. I will ask you to share with us.	24	15.1
		B. How about sharing with us?	109	68.6
		C. You can share with us.	19	11.9
		D. You are going to share with us.	7	4.4

续表3-5

序号	问题内容	选项	人数	百分比/%
7	The teacher asks you to point out key words. The teacher says:	A. You have to point out the key words.	6	3.8
		B. I would like you to point out the key words.	23	14.5
		C. Would you like to point out the key words?	53	33.3
		D. Can you point out the key words?	77	48.4
8	The teacher asks you to repeat. The teacher says:	A. Please repeat it.	60	37.7
		B. I want you to repeat it.	14	8.8
		C. Can you repeat it?	85	53.5

3.4.4.1 祈使句指令语直接策略接受度

在159份有效问卷中，第1、2题调查内容是有关祈使句内部策略的选择。第1题主要是调查学生对赤裸式指令语的接受度。49.1%的学生选择选项D包容式，其次是25.8%的学生选择了选项B导语式。第2题考察学生对祈使句指令语的接受度。34.6%的学生选择缓和式指令语，其次是包容式和导语式的选择，选择人数相似，分别为28.3%和27.7%。从这两题看出，虽然学生倾向于选择包容式、缓和式和导语式这三种句式，但是对于赤裸式指令语的使用，学生接受度普遍非常低，都只有9.4%。

3.4.4.2 陈述句指令语间接策略接受度

第3、4题是调查学生对陈述句话语形式的接受度。根据Blum-Kulka等人的分类，陈述句指令语按照礼貌程度从低到高排序，依次为施为式、模糊施为式、希望式/需要式、义务式、许可式、计划式、条件式、建议式。相对来说，学生更愿意选择“I suggest…”（40.3%），具有协商意义的模糊施为式“I'd like you to…”（36.5%）、“If you read…”（32.1%）。总体来说，学生较少接受希望式“I want you to…”和强制意义仅次于祈使句的义务式“You must…”。

3.4.4.3 疑问句指令语间接策略的接受度

在疑问句的句法形式中，可以有很多变异的句法形式来实现请求行为。除了部分常用句式外，还有如“Would you mind + v. ing?”等很多策略形式在课堂同样使用得很少。从第5题可见，学生较愿意选择的策略形式是“Can you…?”其次是“Ok, how about…?”“Would you like to…?”，学生较少选择“Would you mind…?”。通过回顾性访谈发现，这与学生自身的英语水平有关，且平时对这类句型的语言输入很少，造成理解时间过长有关。

3.4.4.4　祈使句、陈述句、疑问句指令语的接受度

疑问句及其相关策略形式所表达的意义最为间接，礼貌程度最高，意义协商空间最大。调查表明，学生的接受度也最高，68.6% 的学生选择了疑问句式。其次是 15.1% 的学生选择了缓和式祈使句指令，只有 11.9% 的学生选择许可式“You can…”，其强制意义仅次于祈使句，仅 4.4% 的学生选择“You are going to…”，而这在中国教师话语中使用得也极少，更多出现在外国专业课堂教师话语中。虽然陈述句和疑问句表达的礼貌程度较高，祈使句表达的礼貌程度较低，但在第 6 题中，在三种句法形式中，除 68.6% 的学生选择疑问句以外，在陈述句和祈使句策略比较中，学生更愿意选择缓和式祈使句指令，而较少选择陈述句中的许可式和计划式。

在第 7 题中，将陈述句和疑问句作进一步比较选择，48.4% 的学生选择了能力式“Can you…?”和意愿式“Would you like to…？”。对于义务式指令“You have to…”，学生选择得极少，为 3.8%。学生的选择排序是：能力式疑问句 > 意愿式疑问句 > 模糊施为式陈述句 > 义务式陈述句。

第 8 题是将祈使句、陈述句和疑问句进行并列选择，选择疑问句的人数毫无疑问是最多的，占 53.5%，其次是选择导语式指令语的人数，占比 37.7%，仅 8.8% 的学生选择希望式陈述句“I want you to…”。尽管研究表明，陈述句间接策略有利于构建平等的师生关系，但学生表现出来的是选择导语式祈使句指令语。

3.4.5　结论与启示

通过以上的调查与分析得出以下结论：（1）在祈使句直接策略的对比中，学生倾向于接受导语式、缓和式和包容式指令语，一致排斥赤裸式祈使句。（2）在陈述句间接策略内部的选择上，学生的接受顺序与表 3-4 中基于礼貌程度排列的陈述句指令语顺序并不一致。总体来说，在该调查中，学生比较接受建议式，模糊施为式和条件式，学生较少接受希望式和义务式策略。（3）在疑问句间接策略的内部选择上，学生较愿意选择的策略形式是能力式，其次是建议式和意愿式，学生较少选择“Would you mind…?”等句式。通过回顾性访谈发现，这与学生自身的英语水平有关，且平时对这类句型的语言输入很少，造成理解时间过长有关。（4）在三种句法形式的比较选择上，学生接受度最高的是疑问句

指令语，接受度最低的是赤裸式直接指令语句式。虽然间接指令语的礼貌程度较高，但在很多情况下，学生更倾向于选择除赤裸式直接指令以外的其他直接指令形式。

本节研究从学生的角度反观教师话语使用，以期提高师生间的平等对话水平，对师生的课堂教学互动起到积极的推动作用，同时，提升高校教师的语用意识，使教师有意识地改变课堂话语的强规约性。虽然该问卷调查是在非英语专业课堂开展的，调查对象为非英语专业本科生，但对其他类型的课堂教学同样具有一定的启示意义，即教师还需具体考虑学生的实际英语水平使用相应的规约话语策略。但本研究中的调查问卷内容还不够全面，具体一些题型设计还需更加细致全面地考虑实施指令的语境，希望在后续的研究中能够加以改进。

3.5 翻转课堂规约话语比较分析

本节在教学话语理论和语用学理论等指导下，对比分析中美翻转课堂规约话语使用，探讨中美教学理念差异及优化我国翻转课堂规约话语模式的语用策略。研究表明，中国教师多使用直接的祈使句指令语，美国教师较多地使用间接的陈述句指令，这与不同国家教师的教学理念有关。对于疑问句指令语，两国教师使用极少，几乎可以忽略不计，这与翻转课堂“知识传递”的特殊模式有关。总之，中国教师还应转变教学观念，设计更加合理的话语模式，在翻转课堂教学中适当增强话语语用意识，增加陈述句指令语的使用。

3.5.1 引言

“翻转课堂”（the flipped classroom）于2007年兴起于美国，近年来成为教育界普遍探索的新型的教学模式。翻转课堂教学模式重构了教学过程，即将“知识的传递”过程安排在课前，由学生自主学习教学视频等完成；“知识的内化运用”放在课堂，在教师引导和组织下，以教师进行辅导答疑、互动和学生相互交流为主。我国在教育信息化背景下也积极寻求“建立新型信息化教学环境，优化教育模式”，把引进该教学模式作为推动教学改革的措施之一。同时网络上也涌现大量相关教学视频录像。

3.5.2 理论框架

随着翻转课堂的兴起，教学知识传递的主要途径为学生课前自学教师提前录制的教学视频。因此，教学视频内容传递是否有成效、是否能调动学生的学习积极性值得教师思考并采取措施改进，而这涉及很多因素。其中，教师话语是影响教学活动的组织以及语言习得的关键因素。目前我国翻转课堂研究集中于创建本土化的教学模型等。在课堂话语研究中，学术界主要对传统课堂规约话语进行分析，鲜见翻转课堂模式下的教师规约话语研究。因此，本书以教学话语理论和语用学理论为基础，比较分析中美教师在翻转课堂教学视频中的规约话语使用，探讨适合我国翻转课堂模式的有效教学话语模式，从而提高教学知识传递成效。伯恩斯坦认为，教学话语是指能把学生培养成有能力参与主流社会认可的社会实践的话语，规约话语是教学话语的一部分。规约话语是指在课堂语境中师生的交际话语受到相关教育机构的制度以及规则的约束，它在知识传递、教学互动、师生平等和教学效果等方面起着关键性作用。教师应当高效使用规约话语。作为规约话语的其中一种，指令性话语承担着实施和发布各类指令的功能。教师有效地发出课堂指令，能够促使学生高效完成课堂交际等活动，提升教学效果。

基于言语行为理论，说话就是做事，人们说出一句话即可视作实施一个行为。该言语行为包括了言内行为、言外行为以及言后行为。塞尔将言外行为重新划分成五大类，分别为阐述类、指令类、承诺类、表达类和宣告类。其中，指令性话语所实施的是指令类行为；指令类行为是指说话者通过说话指使或指令听话者去做某件事的行为。指令类行为一般由包括指令类动词的祈使句构成，但句子的形式与功能有时并非完全一一对应。指令类行为也可由疑问句式和陈述句式等实现，这就构成间接言语行为。指令性行为既可以是直接的，也可以是间接的。在课堂环境中，教师向学生发出指令语的句式与其相应的言外之力密切相关，而不同的言外之力又将影响师生互动和课堂教学效果。

3.5.3　研究设计

教师指令语是教师传授教学内容、组织课堂活动不可缺少的话语。指令语是否有效直接关系师生课堂互动和学生的学习效果。

3.5.3.1　研究目的

本研究在转写中美两国理工科翻转课堂教学视频话语的基础上，对教师所发出的指令的语言形式进行分类整理、描述并分析，从而回答以下三个问题：第一，中美教师的翻转课堂指令语范式是什么？有何异同？第二，中美教师翻转课堂指令语所反映的教学理念差异是什么？第三，在创建本土化翻转课堂模式过程中，较为有效的教学话语模式是什么？

3.5.3.2　样本选取与研究方法

文章选取20位理工科专业教师的翻转课堂教学视频，分为两组，分别包括10位中国教师（简称CTs）和10位美国教师（简称ATs）。教学内容围绕理工科专业知识，话题涵盖化学、物理、电路、摄像等，体裁结构主要为内容导入、内容讲述和作业布置。每个教学视频长度为7~20分钟不等，两国教师的教学视频总长度相当，为100分钟左右。教学对象为高年级理工科专业学生。教学过程发生在课外，学生按要求自主学习教学视频内容。采用自然调查法，对课堂上师生之间的教学互动等自然现象不加干预，只作观察记录并比较分析中美教师在指令语使用方面的异同。

本书在Blum-Kulka和刘永兵、张会平的分类标准基础上，根据实际数据作了一定调整，首先建立一个分类体系，其中包含指令语的使用范式（表3-6）、语法形式和请求策略（表3-7）。它可以用来区分量化指令语的语法形式、选择策略和语用功能。再根据该分类体系和语境对中美教师指令语进行数据统计并展开分析，对比其语用策略差异。

3.5.4 结果与讨论

指令语是促进学生参与活动、师生互动和知识建构的重要媒介，但中美教师在翻转课堂指令语使用上存在诸多异同之处。

3.5.4.1 中美理工科翻转课堂指令语句法形式总体描述

从语用学角度来看，教师指令语有两个语用功能，即进行教学步骤的实施和学生行为的规范化。考虑到使用翻转课堂视频进行知识传递的特殊性，教师的教与学生的学不处于同一时空。教学视频里的指令语只用于组织课堂活动及实施教学，而不用于对学生行为进行规范。从表3-6来看，中美理工科教师用于实施教学步骤的指令语句式主要包括三种：祈使句、陈述句和疑问句。在本研究中，以提问句式为指令的这类，不考虑单纯针对教学内容的提问，只将要求学生做事的提问句式纳入研究范围。在指令语总数上，在教学内容相似、用时接近的教学中，中国理工科教师的指令语数量超过美国理工科教师的指令语数量。中国理工科教师指令语共有122个，美国理工科教师指令语共有87个。其中，中国理工科教师的祈使句指令语最多，为96个，占总数的80%；陈述句指令语有21个，占总数的17.5%；疑问句指令语只有3个，占总数的2.5%。而美国理工科教师指令语在句法形式分布上有所不同。祈使句指令语为35个，占40.2%；陈述句指令语有51个，占58.6%；疑问句几乎可忽略不计，只有1个，占总数的1.1%。以上数据表明，中国理工科教师使用了较多直接的语言表达形式来传递信息，反映出相比美国教师，中国理工科教师在课堂上更为注重信息传递的效率和知识接受度，在翻转课堂教学中，以教师为中心，强调基础知识学习的重要性。

表 3-6 中美理工科翻转课堂指令语句式

教师	数量/句子结构	祈使句	陈述句	疑问句	话语总数
CTs	指令语	96	21	3	120
	百分比/%	80	17.5	2.5	100
ATs	指令语	35	51	1	87
	百分比/%	40.2	58.6	1.1	100

3.5.4.2 中美理工科翻转课堂指令语的策略实现形式及异同

就实现策略的具体形式来看，使用祈使句表达是一种礼貌程度较低的、直接的策略，具体包括四种形式：赤裸式、缓和式、导语式和包容式。陈述句被看作是礼貌程度较高的间接策略，疑问句表达的礼貌程度最高。调查数据见表 3-7。

表 3-7 中美理工科翻转课堂指令语分类

使用策略	实现形式	例句	CTs(总；120)		ATs(总：87)	
			n	%	*n*	%
	祈使句		96	80	35	40.2
直接指令	赤裸式 bold（Do sth.）	Think about…	16	16.7	12	34.3
	缓和式 mitigated（Please do sth.）	Please let me know. Please bring it to school.	6	6.3	2	5.7
	导语式 prefaced（Ok，do sth.）	So take some time，make sure you read through this. Ok，everyone thinks about this.	37	38.9	8	22.9
	包容式 inclusive（Let's do sth.）	Let's get started. So let's start by…	37	38.9	13	37.1
	陈述句		21	17.5	51	58.6
间接指令	施为式 performative（I ask you to do X.）	I'll give you a moment…			1	2.0
	希望式 hope/want/需要式 need（I want/need you to do sth.）	1. I want you to think about it 2. Hope you'll think about it after class.	8	38.1	12	23.5
	义务式 obligation（You have to/must do X.）	You have to state that… Everyone has to…	1	4.8	5	9.8
	计划式 plan（You are going to do sth.）	You are going to take notes and discuss.			8	13.7
	条件式 conditional（If you …）	If you look at the middle，…			5	9.8

续表 3-7

使用策略	实现形式	例句	CTs(总：120)		ATs(总：87)	
			n	%	*n*	%
间接指令	模糊施为式 hedged performative (I would like you to do X.)	I'd like for you to write.			5	9.8
	许可式 permissive (You can/will do X.)	You can write it down.	12	57.1	14	27.5
	建议式 suggestion (I suggest...)	I suggest copying			1	2.0
	疑问句		3	2.5	1	1.1
	能力式 ability	Can you understand?	3	100	1	100
总计			120	100	87	100

注：话语数量 = *n*。

A 直接策略形式

从表 3-7 可以看出，就直接策略而言，中美两国理工科教师均使用了丰富的祈使句指令。具体来说，中国理工科教师使用包容式和导语式祈使句比例最高，各占 38.9%。美国理工科教师使用包容式和赤裸式祈使句比例最高，分别占 37.1% 和 34.3%。就话语形式而言，中美教师都使用了大量以“so，ok，now”等修饰语的导语式和“Let's”包容式指令语来清楚、简洁、明确地执行任务，总体而言，美国教师使用的祈使句指令语总比重（为 35 个，占总数的 40.2%）低于中国教师使用的祈使句指令语（为 96 个，占总数的 80%），从一定程度上反映出，中美理工科教师在翻转课堂教学中的理念差异。

B 间接策略形式

间接策略主要由陈述句和疑问句实现，表达的礼貌程度较高，陈述句具体包括施为式、希望/需要式、义务式、计划式、条件式、模糊施为式、许可式和建议式。中美理工科教师在陈述句指令语使用上体现出较大差异，中国翻转课堂陈述句指令语占指令语总数的 17.5%，美国课堂陈述句指令语占 58.6%。相比之下，中国理工科教师较少使用礼貌程度较高的陈述句指令语，且集中于三类：许可式占陈述句指令语总数的 57.1%；希望式/需要式占 38.1%；义务式占 4.8%。美国理工科教师的间接策略使用高于中国理工科教师，占比最高的两类是：许可式占 27.5%，希望式/需要式占 23.5%，同时也使用了陈述句指令语中的其他形式。两国理工科教师在疑问句指令语方面的总体使用极少，几乎可忽略不计。

由此可见，两国理工科教师在指令语使用上呈现出直接策略多于间接策略。

3.5.4.3 思考及启示

基于以上数据可以看出，中美教师在翻转课堂指令语使用上存在明显差异，差异背后体现出教师对待学生的不同态度，反映出教师的课堂教学理念差异，这些差异也会影响学生的心理活动和教学效果。因此，本书通过比较中美翻转课堂规约话语模式，就促进教师职业发展、改进课堂教学话语模式，提出如下思考和建议：

第一，从中美翻转课堂指令性言语行为的使用差异可以看出，中美两国课堂教学理念存在差异。这源自不同国家的历史文化背景不同。美国作为移民国家，拥有各种各样的文化背景的人聚在一起形成美利坚民族，多种民族文化传统被不同程度地传承下来，形成多元文化（multi-culture）。根据文化语用学理论，文化背景总是能够体现在人们交际时的言语行为中，人们在交际中，除了受到具体的现实语境和权势语境的制约外，还受到文化强加的限制，形成师生角色的文化关系。美国文化崇尚个人主义，追求标新立异，反映在课堂教学中，氛围较宽松，以学生为主体，强调交流的重要性；而中国传统文化以儒家思想为核心，强调“仁爱忠孝”的同时还强调“等级秩序”——尊卑有别、长幼有序，在教育方面讲究师道尊严，“为学莫重于尊师”“师道既尊，学风自善”。师生关系“一旦获得此种文化认同，就具有不可逆的性质。教师比学生具有更高的权势和使欲力”。因此，教师在翻转课堂教学中注重知识的传授，师生互动较为缺乏。建构主义理论认为，学习是在一定的语境下通过意义建构来实现知识的输入。因此，在翻转课堂视频学习过程中，学生并非信息的灌输对象，而是学习的主体、积极参与者、信息知识的主动构建者。因此，教师应当转变传统教学理念，改进教学话语模式，构建以学生为中心的教学模式，营造有利于学生积极主动交流与学习的氛围。

第二，在直接策略的体现形式中，中国教师使用了大量的祈使句，如“我们＋动词”和“大家＋动词”的句型较多。使用直接策略能够提高信息传输效率，降低听者曲解说话人本意的风险，增强指令执行力。总体而言，虽然中国理工科教师运用了大量包含式及带有丰富导语的指令语，但作为祈使句指令，表达的礼貌程度仍然很低。就间接策略而言，中国教师使用的比重较低，且集中在许可式、希望式/需要式、义务式三类表现形式。研究表明，使用间接指令能够帮助创建和谐的师生关系，激发学习热情，同时有利于提高用英语交际的能力。因此，中国教师应当在教学中进一步丰富指令语形式的运用，适当地多使用间接、礼貌程度较高的策略，构建有利于促进学生个性发展的规约话语模式，制定合理的翻转课堂教学组织策略和方式，来保证知识的有效传递。

第三，在传统课堂中，疑问句句式的使用相对较多，而此次调查发现，中美两国教师在翻转课堂均频繁运用祈使句、陈述句指令语，极少使用疑问句式。这与使用教学视频进行知识传递的特殊性有关，由于学生在观看视频进行学习的过程中，教师的教与学生的学不处于同一时空，这是与传统课堂的区别所在。因此，在翻转课堂教师应适当地多使用间接的陈述句策略。

3.5.5 结语

文章从语用学视角，对中美理工科翻转课堂规约话语使用现状进行描述和比较分析，并提出优化中国教师规约话语使用的语用策略。研究表明，中美教师对翻转课堂指令语的使用存在明显差异，中美理工科教师都极少使用疑问句。中国教师使用祈使句较多，而美国教师使用陈述句指令较多，同时兼顾祈使句式的使用，反映出两国教师的课堂教学理念不同。中国教师应积极转变教育理念，系统认识翻转课堂教学模式，从课堂规约话语选择上作出相应改变。研究还表明，从语用功能角度进行教师规约话语分析可为教师话语的研究与应用提供另外一个视角。本研究只选取了 20 位教师的话语语料，调查样本还较少，因而在一定程度上可能影响到研究的信度和效度。在今后的研究中需引起注意。

4 语用学理论应用于新闻报道分析

4.1 新闻报道概述

新闻报道指的是对现实中新近发生的事实进行报道。新闻报道的原则是用事实说话，进行客观的真实的信息传递，但新闻并非客观事实本身，是新闻报道者对客观事实的一种反映，涉及报道者的主观认知和加工过程，不同的报道主体对同一事实的报道可能呈现完全不同的视角和内容。正因如此，对新闻报道进行系统的分析有着重要的理论和应用价值。

4.2 英语新闻报道研究综述

4.2.1 文献检索说明

本节研究基于文献调研和梳理，检索的数据库为“CNKI 中国期刊全文数据库”，限定领域为“哲学与人文科学”“社会科学Ⅰ辑”和“社会科学Ⅱ辑”，截止时间为 2019 年 12 月，在该数据库以篇名为“英语新闻”进行精确检索，结果显示共有 1318 篇文献，其中以“核心期刊”和“CSSCI”为筛选条件，检索得到论文数量为 180 篇。

4.2.2 文献检索结果统计分析

4.2.2.1 研究发展趋势

从所收集文献数据来看，国内英语新闻研究从 20 世纪 80 年代初期受到研究者关注，近 40 年来的英语新闻研究可大致分为三个阶段：第一阶段为研究的起步期，从 20 世纪 80 年代至 90 年代后期，这十多年，每年平均有 1 ~ 2 篇文献发表；第二阶段从 2000 年到以后的十多年，该领域研究处于快速增加的阶段，至 2012 年达到该领域研究的高峰，每年发表数量达到 105 篇；第三阶段为 2012 年后的近十年的平稳起伏期，总体保持在平均每年 90 篇左右的论文数量。为了更直观地观察，可参看图 4-1 英语新闻研究在中国知网的总体趋势走向。

图 4-2 所示为以篇名为“英语新闻”进行精确检索，获得的核心期刊及 CSSCI 期刊文献数量（180 篇）。从核心期刊、CSSCI 期刊文献的年度发表趋势来看，英语新闻研究的前十五年保持在每年 1 ~ 2 篇的数量，2008 年后的十多年里，

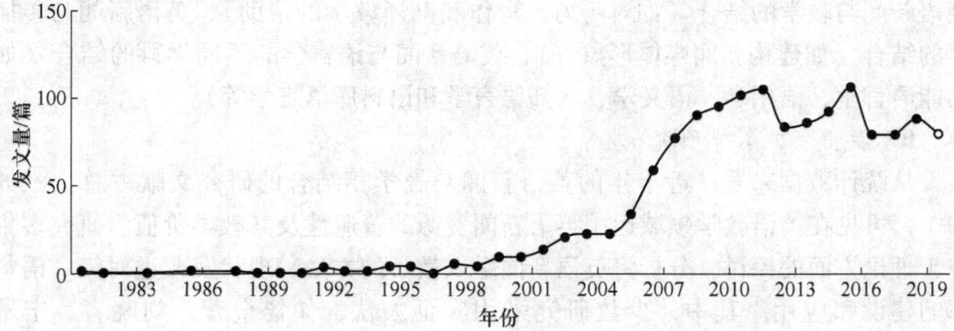

图 4-1 英语新闻研究年度总体趋势（一）

起伏较大，发表的论文数从 5 篇到 26 篇不等，其中 2010 年和 2015 年达到高峰，分别发表的论文数量为 23 篇和 26 篇。从近五年来看，相关文献发表呈现下降的趋势。具体可参看图 4-2 的核心期刊、CSSCI 期刊论文发表总体趋势。

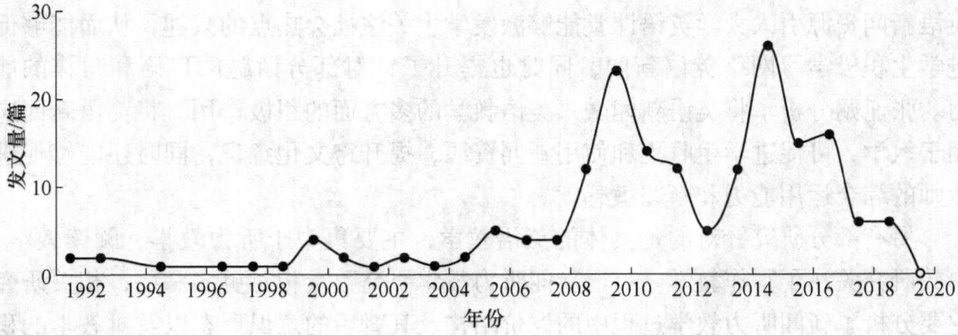

图 4-2 英语新闻研究年度总体趋势（二）

4.2.2.2 近十年英语新闻研究概况

以下是对 2010 ~ 2019 年英语新闻研究文献的梳理。以篇名为“英语新闻”进行精确检索，获得的核心期刊、CSSCI 期刊文献数量为 135 篇，与文献梳理相关的有 132 篇。

A 研究对象与方法

在这 132 篇文献中，对研究主题进行可视化分析可见，探讨较多的主题为“新闻标题”“英语新闻报道”“英语新闻听力”“新闻翻译”“大学英语教学”“网络英语新闻”“新闻工作”“英语听力”“英语新闻标题”“翻译策略”“语言特点”等，结合对文章主题和文献的梳理与分析，发现国内关于英语新闻的研究主要集中于英语新闻与教学的结合（如对听力、写作和翻译教学的帮助）、英语新闻与传播学的结合（如建构新闻媒体形象等）、英语新闻与语言学的不同学科的结合（如功能语言学、语用学、语义学、认知语言学和语料库语言学等）。

B　英语新闻教学研究

从统计数据来看，近十年的英语新闻与教学相结合的研究文献占总文献的20%，可见在英语教学领域运用英语新闻资源的普遍性及其教学价值。研究多集中于理论方面的探讨，分析将英语新闻融入教学的方法、现状及改进对策、语料库的建设和应用。其中，少数研究采用实证方法，如杨金蕊、刘晓青、宁翠叶等。

从英语新闻教学的研究内容来看，大多数探讨的是整体的大学英语教学，分析英语新闻在大学英语教学中的应用，并提出相关的改进对策。杨金蕊、刘晓青指出新闻英语在语言输入、内容、真实性、时效性方面的优势，结合语言习得的规律，运用英语新闻提高学生的语言产出能力，他们进行了一年的大学英语课堂教学实验，分三个阶段实施。运用问卷调查和测试工具，首先进行了问卷调查与实验前测，再进行教学实验，最后再次进行问卷调查与后测。结果表明，将网络英语新闻资源引入大学英语课堂能够激发学生关注社会热点的兴趣，从而能够促进学生积极学习网络英语新闻，同时也提升了针对部分话题的口语和写作的能力。张亚娟分析了将英语新闻融入英语教学的多方面的积极作用。将英语新闻应用于教学，可促进学生收集和使用新闻资源，提升跨文化意识，同时还能够促进教师的综合运用能力和新闻敏感度。

另有部分研究针对的是具体的英语教学，主要集中于听力教学、阅读教学，少数研究关注了写作教学。英语新闻听力教学研究数量相对更多一些，相关研究主要分析了新闻听力教学过程中的评价结构及其背后的意识形态以及对教学的积极影响、英语新闻听力教学的具体方法、大学英语新闻听力的教学现状及听力提升策略、英语新闻在视听教学中的积极作用、英语新闻听力教学改革的策略等。

关注英语新闻阅读教学研究的主要有梁柏桦和宁翠叶等人。梁柏桦探讨了英语新闻阅读教学的方法。宁翠叶分析了体育院校学生的英语水平和学习特点，运用实证研究的方法，使用问卷调查和访谈方式收集、整理和分析数据，探讨体育院校中的体育类英语新闻的阅读教学，提出相关教学建议。研究指出，教学中应注重选择的新闻内容的时效性，同时可将新闻图片、文字和相关视频等多项内容结合在一起运用，促进学生的专业学习。

少数研究关注的是写作教学，如崔俊媛、徐广林指出英语新闻可应用于大学英语听力教学与写作教学中，并提出相关策略。在听力教学中，可选取篇幅适宜的新闻资料；在写作教学中，引导学生多阅读并注意英语新闻的语篇结构和内容上的特点。

英语新闻包含了重要的、与读者的生产生活密切相关的时事信息，因此，将英语新闻这类特殊的文体应用于各类英语教学中，可以为英语学习创造更加真实的学习情境，不仅能够扩大学生的英语词汇量，锻炼学生的阅读与写作能力、跨文化交际能力，增强学生的新闻信息搜索能力，还能够激发学生的学习兴趣；更重要的是，能够引导学生提高语言综合应用能力、批判性思维能力，培养社会责任感，提升人文素养，这些也有利于实现新时代背景下英语素质教育的目标。

C 英语新闻的语言学研究

a 批评性话语分析视角

语言能够反映出隐藏在其结构背后的意识形态。英语新闻批评性研究主要是探讨新闻语言对受众产生的正面或负面影响。新闻语言具有社会性，运用批评性话语分析理论分析英语新闻能够发现新闻语言呈现的特点及其具体意义。辛斌指出，在批评语言学以及批评话语分析中，历史、权力与意识形态这三个概念必不可少。

从文献梳理与总结可见，近年来从批评性话语分析的角度考察英语新闻的成果还有待丰富。对英语新闻进行的批评性话语研究主要是从及物性和情态两方面展开，少数研究从分类的视角作出分析。侯福莉、王淑花运用批评性话语分析理论，分析英语新闻中的“异声同啸”（heteroglossia）及其实现语义隐含功能。研究指出，新闻报道以追求客观、公正、中立为目标，因此，新闻媒体在词汇、句法、语篇、话语引用方面进行刻意选择，使用“异声同啸”尽力使新闻话语看起来客观、公正，但却隐藏着各自不同的价值取向，无形中传递出媒体的自身的立场态度，从而达到报道目的。

董又能、王晶晶运用批评性话语分析理论分析了英语新闻中的词汇选择、句法的使用、观点的引用以及图片信息。结果表明，在批判性话语分析理论的帮助下，可以发现，英语新闻报道来源于事实，但它倾向于从自身的角度出发，传递报道者的态度。因此，该研究认为在阅读外媒新闻报道时，应当对新闻语言保持高度敏感并采取批判性分析，正确把握新闻报道背后隐藏的意图。

代尊峰运用分类的方法对英语新闻展开批评性分析，探讨英语新闻语言中的表述手段和说服手段，窥视英语新闻语言中的权力和控制之间的关系，深入阐述批评性话语分析的特征及其内容。

高超运用语法隐喻理论，以网络热词“APEC 蓝”为主题，定性和定量分析了 16 篇相关中外英语新闻报道，讨论中外英语新闻报道中呈现的语法隐喻形式，并分析了其实施的功能。

批评性话语分析运用系统功能语言学理论进行语篇分析。批评性话语分析关注的是语言与社会实践活动以及认知之间的关系。它试图从社会实践中进行深层次地语篇解释，根据社会互动、社会结构特征，将文本与话语置于特定的历史、语境中进行解读，揭示出其中的权力关系，同时也注意观察分析语篇对社会的作用与影响。文献梳理表明，当前的研究成果还有待更加丰富，研究内容还有待进一步创新。作为语篇分析的一个重要视角，希望该方面的研究成果不断扩充，相关理论进一步得到修正和完善，为语篇分析提供更全面的理论分析框架。

b　语料库语言学视角

语料库指的是根据语言学原则，使用随机抽样法，收集自然连续的语言使用的完整文本或片段，形成一定规模的大型电子文本库。语料库语言学主要是以语料库为手段和工具分析语言。Tony McEnery 和 Andrew Hardie 在《*Corpus Linguistics*：*Method*，*Theory and Practice*》一书中详细阐释了语料库语言学的理论、方法，并将其应用于具体的文本分析中。在该书中，他们将语料库语言学定义为处理某些机器可读的文本，对这些文本的处理是研究一些特定的研究问题的基础。所处理的通常是那些超出了任何人进行人工分析的合理的时间范围的文本或语料库。正是所使用的大量数据解释了机器可读的文本的使用。除非我们使用计算机阅读、搜索和操作，否则的话，考虑到时间的问题，通过某个研究人员的人工分析或一组分析人员来搜索文本，从而使用超大型数据集进行数据处理是不可行的。手动搜索如此大的语料库，且保证没有错误，绝对是极其困难的。因此，语料库语言学的分析方法具有其独有的优势。

当前学界对语料库语言学的看法主要有两种。一是将其视为语言研究的方法，即基于语料库的研究；另一种是将语料库视为语言研究提出理论和假设的来源。根据书中的观点，基于语料库的研究通常使用语料库数据来探索一种理论或假设，这些理论或假设通常是当前已经创立的，研究者通过基于语料库的方法来验证、反驳或完善它们。因此，语料库语言学被看做是一种方法。语料库驱动的语言学拒绝将语料库语言学描述为一种方法，而是声称语料库本身应该是唯一的关于语言的假设的来源。

在语料库的种类上，主要为翻译语料库、平行语料库及可比语料库等。不同的研究者根据不同的标准在术语的使用上有所不同。其中可比语料库主要是使用相同的采样方法收集语料，如在同一采样时间范围内，不同语言中的涉及同一主题的文本，平行语料库指的是同时包含母语（L1）源文本及其译文（L2）的语料库。Tony McEnery 和 Andrew Hardie 同时强调他们对平行语料库的定义的前提是假设该语料库是单向的（例如，英译汉或汉译英，但不能既有英译汉，又有汉译英）。

当前从语料库视角开展的英语新闻研究相比其他视角下进行的英语新闻研究，相关的文献较少一些，研究的广度和深度还有待进一步加强。早期的一些研究主要是运用语料库的方法，运用相关的语料库分析软件，对某些特定的英语新闻语篇中的词汇特征、句法结构、时态、修辞手法等进行统计分析。如余阳运用语料库的研究方法，自建美国国家篮球联盟 NBA 篮球新闻的观察语料库，将英国国家语料库（BNC）视为参照库，将两者进行对比分析，使用 Wordsmith Tools 和词性赋码工具，将定量分析与定性分析相结合，对新闻标题的词汇特点、结构特征、时态、修辞等进行较为全面的分析。结果表明，网络体育英语新闻的文体特征可以通过其标题在词汇特点、结构特点、时态和修辞方面所独有的特征来呈现。从词汇特点来看，体育英语新闻的标题较多地运用缩略语、缩写词汇、短小词汇、复合词等，看起来更加简洁、生动；从结构特征来看，一些新闻标题普遍运用动词词组体现报道的即时性；从时态上来看，多使用一般现在时态，旨在增强报道的现实感；而在修辞上，通常使用暗喻、双关等多种方法，从而引起读者兴趣。

陶雪城、张萍选取 NBA 联盟具有代表性的休斯敦火箭队（Huston Rockets）的官网上的新闻标题，构建小型的 NBA 英语新闻标题语料库，使用 Laurence Anthony 开发的，具有主题词（key words）、词语检索以及生成词表（word list）功能的语料库分析软件 AntConc，对 NBA 体育新闻的整体的语篇特征及词汇、句法特点、修辞手段进行统计和分析，探讨 NBA 体育英语新闻的语篇特点的共性和自身的个性差异。研究表明,NBA 体育新闻语言简洁明了，其中多见数字、同义词语以及专业术语的运用，且非限定性动词的使用也较为普遍，同时倾向于使用多种修辞手法，旨在提升新闻的关注度和价值。

部分研究关注英语新闻语料库的建设和应用。冯正斌、王峰指出财经英语新闻的学习能够满足各个专业商科学生进行专门用途英语学习的需要。他们具体从语料库的规模、抽样、采集和赋码四个方面分析了财经英语新闻语料库的设计规划，并探讨了财经英语新闻语料库中的词表、搭配、类联结（colligation）在英语教学中的具体应用策略。

张立英、徐勇在时体的意义分析中，将时体和动词关联起来，将时体和其语篇分布及功能相联系，提出一个时体研究的三维框架，具体探讨了《纽约时报》语料库中文本的时体分布、时体与动词的关联，以及动词类型的分布，并分析其语篇功能。其对语料库中的时体、动词与文本位置的分析表明，时体在《纽约时报》语料库中的新闻文本中的分布遵循一定的分布模式，其分布模式与时体所实现的功能相关，同时也构成了该语料库中新闻文本的整体的文体特征。通过分析新闻中处于不同位置的时体-动词构式，可以帮助我们发掘其局部语篇功能。

随着计算机以及相关技术的不断成熟与发展，语料库技术也在日益更新。20 世纪 60 年代以来，语料库技术已被普遍应用于语言研究，逐渐成为重要的、可靠的语言研究工具。运用语料库的方法研究英语新闻，能够利用语料库中的大规模的、具有代表性且真实、自然、可靠的语料以及语料库分析软件和工具的优势，从不同的层次探讨英语新闻中的语言特点。这成为近年来的热门话题之一。作为一门新兴的、年轻的学科，它为语言学及相关研究提供了更客观、更有力的支撑。语料库方法对研究文体、语言教学而言，有着重要意义。

现有研究利用现有的大型通用语料库或根据研究需要，自建规模较小的专用语料库，进行一系列的文本清理、词汇赋码等处理过程后，使用多种语料库分析软件和统计工具等，对实际使用中的语言进行概率分析，采用定量分析与定性分析相结合的方法，从英语新闻语言中的词汇选择、句法应用以及语篇层面进行多维度的文体分析，从不同的视角，揭示新闻语篇的复杂性，探讨英语新闻的传播效果和价值。在教学方面，对新闻英语的教学也有一定的启示，教师可根据英语教学的特点，有针对性地进行词汇特点、句法结构、修辞和语篇的教学。同时，该方面研究对读者在英语新闻的阅读与学习也能够发挥重要的、积极的指导价值。早期的研究探索将语料库的研究方法应用于英语新闻这类自然语言文本分析中，寻求客观地描述和阐释语言问题，这类研究对英语新闻领域的语言研究作出了很好的尝试，为后续的研究拓宽了视野，开辟了新的道路。

但由于受限于当时技术或其他因素，多数研究收集的语料有限，自建的语料库规模也偏小，这在一定程度上直接或间接地影响到研究结果的客观与全面性。因此，在英语新闻研究中，语料库规模大小、语料的代表性以及时限等问题还需要再进一步考虑。随着大型英语新闻语料库的陆续构建、研究方法的不断发展，如何使用合适的语料库，或应用国际上较为前沿的语料库研究方法与先进的技术手段分析英语新闻语料，或结合不同角度展开，如结合认知语言学、功能语言学等视角，来进行更深入的跨学科研究，成为当前一大重要议题。

最新的一些研究提供了一定的启示，如李端阳、王志军、程乐、陈程的研究等。李端阳、王志军使用多维分析方法（multi-dimensional/feature analysis，MD/MF），运用因子分析识别变量群，并将其进行降维处理，采用 Nini 开发的 Multi-dimensional Analysis Tagger 1.3（MAT）工具，运用斯坦福词性赋码器（Stanford POS Tagger）和分析器（Analyzer）进行文本标注、特征提取、数据统计等自动化操作，从话语功能和词汇语法特点方面，作出详细、全面的对比分析。多维分析法（MDA）在语料库发展的基础上，尝试运用经验的、量化的技术手段发掘文本隐藏的共现特征。多维分析法（MDA）最先由 Biber 在进行语域分析时使用，随后在 Biber 的研究中进一步发展，后在进行语域对比的相关研究中普遍使用。

另有一些研究从英语新闻报道的写作特征、结构、形式、技巧以及修辞方面进行了阐述与分析。赖彦、辛斌阐述了语篇的互文性及对话性，运用马丁（Martin）和怀特（White）的评价理论，探讨了在语篇里进行对话介入的资源评价系统，并应用于分析英语新闻语篇中的修辞功能。研究选取《华盛顿邮报》和《纽约时报》，对其中的对话修辞的语篇评价的功能意义潜势进行比较分析。研究表明，互文是分析新闻语言的一个重要修辞视角，新闻语言中互文承载着一定的修辞功能，即创造对话潜势，运用词汇、语法结构以及情态资源，在传递新闻信息的语言中，实现新闻信息的传递和舆论形式的互动，从而无形地影响着大众对信息的接受与判断，隐性地表达出新闻信息的舆论导向。

总体来说，英语新闻报道首先必须具有时效性和新颖性的特点，新闻报道需要基于最新发生的事件，将事件的发生和发展过程等第一时间传递给大众。其次，新闻报道传递的是大众普遍关心关注的且有着重要价值的信息，如抗击新冠肺炎疫情的进展、疫苗的研发与实验等，这些与大众的生产、生活及利益息息相关，能够引起大众的重视，也是大众及时需要掌握的信息。

整体而言，英语新闻的文体、结构与其他类型的文本不同，写作风格也受制于服务于各个国家的不同媒体，因此，对英语新闻的文本特征、写作技巧等加以分析有助于解析新闻背后的意识形态，同时能够帮助我们有效地开展新闻写作工作，增加新闻价值，激发大众丰富的情感，唤起读者强烈的共鸣，更好地服务于国家、政府和人民的利益，传递自己的声音。然而，目前从语用学视角开展的研究还较少，少数研究如杨蔚从语际语用学的角度探讨了英语新闻写作的特征与技巧等，今后从语用视角还可进一步拓展相关研究话题。

D 英语新闻的翻译研究

近年来，对英语新闻的翻译研究的关注日渐增多，从梳理的文献来看，主要是基于对英语新闻的文体特征的分析，在此基础上探讨英语新闻翻译的方法、翻译理论以及翻译原则等。其中，大多数研究结合新闻语言的特点、修辞等，探讨相应的翻译策略，如刘金龙、戴莹、盛辉、袁婷、高飞雁、郭晓丽等。另有部分研究分析英语新闻翻译中的问题、中国的英语新闻翻译及其传播的效果。

刘金龙分析了新闻的标题里修辞格的使用，分别从直译、意译、套译、创译四大方面探讨了标题的修辞翻译策略和方法。

盛辉分析了电视英语新闻的特征、文化差异对新闻翻译的影响，并从非文化层面提出电视英语新闻直译和意译的翻译策略，从文化层面提出归化和异化的翻译策略。他认为，电视英语新闻的直译和归化必须符合原始文本的语法规范，并注意原始文本特有的表达；而电视英语新闻的意译和归化必须确保译文表达流畅，且受众易于理解。

李波从意识形态的视角分析了涉华英语新闻汉译存在的问题，剖析其背后的原因，并提出相关解决问题的措施。研究表明，要处理好涉华英语新闻汉译存在的问题，需要发挥翻译人员的主体性作用，提高辨别能力和翻译的专业程度，同时翻译人员还应当坚定自身的价值取向和意识形态立场，另外需要加强对草根翻译网站细节方面的审核和管理，加强对其翻译从业人员的价值观教育。

司显柱全面梳理了对外英语新闻的翻译研究、可接受性研究、翻译技巧研究以及传播效果四个方面的文献，指出目前研究在研究视角、方法等方面存在的一些问题，最后重点探讨了该课题的研究内容、问题、思路和研究方法。分析指出，当前的对外英语新闻翻译和传播研究应当将现代的翻译理论和传播学的理论相结合，运用内容分析、个案分析、深度访谈、实验法、调查法等多种研究方法，多角度地探讨对外英语新闻的翻译和传播效果，提出有效的翻译和传播策略。

从以上文献梳理与分析结果可见，新闻报道研究成果丰富，主要为教学研究、语言学研究与翻译研究，在研究方法上不断创新。从研究对象来看，各类不同内容的新闻均有涉及，但在灾难性新闻报道方面的研究成果还有待进一步补充，今后研究可结合媒体对新型冠状病毒肺炎新闻报道话语等进行深层次的拓展分析，从而为我国媒体的新闻报道提供一定的指导意见。下文将以灾难新闻报道为研究对象，其中部分选取新冠疫情新闻报道进行分析，紧密联系实际，探讨语用学理论的应用。

4.3　灾难新闻报道言语行为分析

4.3.1　灾难新闻报道的概念

一般而言，灾难指的是自然或人为的严重损害给生命带来的巨大伤害。灾难性事件通常可分为两类：一类是自然灾害，如非人为因素引发的地震、海啸、洪涝、泥石流、台风、干旱、火山爆发、地质灾害、风雹、低温冷冻、雪灾等；另一类是重大的人为事故，由人为因素引起，如森林火灾、公共卫生事件、人类战争等。人们往往很难给灾难下极为清晰明确的定义，但通常情况下，灾难性事件具有一些共同的特征，如突发性、破坏性和模糊性等。通过这些特征，可以区分出灾难性事件与其他事件的差异。

随着信息时代的飞速发展，媒体新闻在人们的生产生活、信息交流中起着越来越重要的作用。灾难报道是新闻报道中的重要部分，有着不同的语篇特点。灾难新闻内容本身具有震撼性、突发性、负面性等特点，给人类带来巨大的伤害，对社会生活造成重大破坏性的影响，具有广泛的社会关注度和非常高的传播价值，是各大媒体报道的焦点。新闻媒体在进行灾难新闻事件的报道、引导大众舆论、给予人文关怀、推动灾难事件的妥善处置与安排等各个方面，发挥了重要的组织和协调作用，成为促进和谐、协调发展、恢复生产生活的一个重要保障。因此，新闻媒体如何进行灾难新闻报道，确保其报道取得良好的传播效果和社会效益，从而有利于社会的和谐稳定和经济的发展，是一个值得深入探讨的重要议题。灾难新闻报道可以包括自然灾害类新闻和重大事故类新闻。本节主要探讨自然灾害类新闻报道。

4.3.2　灾难新闻语言的言语行为分类

新闻语言指的是报道者通过媒体向受众提供最新发生的并且具有信息价值的语言。奥斯汀认为，使用语言是一种言语行为。因此，灾难新闻语言也可视为一种行为。它包括三个方面：言内行为、言外行为和言效行为。

4.3.2.1　灾难新闻语言的言内行为

灾难新闻语言的言内行为指的是，在灾难新闻报道中，新闻报道者遵循某些语言构成规则，并说出或写出与特定语言匹配的句法和语义规则的句子，传递最新的灾难性事件的信息。

灾难新闻语言的言内行为是处于新闻报道的最基本层次，主要体现在对客观事实的陈述性新闻报道中。灾难新闻报道的原则之一即为客观真实、准确无误地还原事实与真相。例如，来自《中国日报》英文版 *China Daily*，题为“*Multiple countries take measures to contain novel coronavirus*”的一则新闻，进行英译后，部分译文如下：

例 1　多国采取措施遏制新型冠状病毒

北京——多国已采取措施，遏制新型冠状病毒的传播……

在老挝、孟加拉国、新加坡、马来西亚、澳大利亚、土耳其、巴林、乌干达和赞比亚等许多国家的边境入口，如机场和港口，已经采取了筛查措施，检查是否存在病毒感染，该病毒已命名为 2019 新型冠状病毒（2019-nCoV）。

泰国总理巴育已命令该国所有相关组织采取措施，应对新型冠状病毒和不断变化的局势。

“人们被警告不要去疫情爆发区，全国的医院收到命令随时准备全天候接诊病人。”巴育周五说。

蒙古国家紧急情况委员会已决定从下周一至 3 月 2 日，暂时关闭全国所有公立和私立学校及幼儿园，以防止 2019 新型冠状病毒和其他呼吸道疾病的传播。

越南卫生部已发出紧急调度，要求全国各地的医院和诊所建立快速反应小组。

根据调度指示，登记处对患者进行分类，必须对有急性呼吸道感染症状的患者进行隔离，并在医院的不同区域进行检查，而过去 14 天内在中国的患者必须进行流行病学检查。

在芝加哥，据报道美国发生第二例确诊病例，当地官员称他们一直在密切关注潜在病例，并与联邦卫生机构共享信息。

美国疾病预防控制中心表示：“目前认为 2019 新型冠状病毒影响到美国公众

健康的直接风险很低”。

在英国，政府于周五举行了关于冠状病毒的应急会议。英国当地首席医疗官克里斯·惠蒂（Chris Whitty）被当地新闻引述，称接受过冠状病毒检测的每个人都已被完全解除风险，而英国公众的风险“仍然很低”。

在埃及，该国预防医学助理卫生部长艾拉丁·艾德（Alaeddin Eid）表示，已经制定了应对任何紧急情况的综合计划。该计划涵盖了包括早期发现、检疫和治疗措施在内的所有阶段，并提高了公众的认识。

（译自“*Multiple countries take measures to contain novel coronavirus*”，《中国日报》英文版 *China Daily*，2020 年 1 月 26 日）

在这则新闻中，新闻报道主体根据英语语言中的句法、语义规则等，写出符合英语句法和语义规则的英语句子和段落，对多个国家采取措施遏制 2019 新型冠状病毒的情况进行了报道，客观地呈现出新闻事实。新闻指出，全世界众多国家已采取相应的措施，遏制新型冠状病毒的传播。如老挝、孟加拉国、新加坡、马来西亚、澳大利亚、土耳其、巴林、乌干达和赞比亚等许多国家在其边境入口，已经采取了筛查措施。泰国、蒙古国家紧急情况委员会、越南卫生部门、美国疾病预防控制中心、英国政府、埃及等也都采取了相关措施应对新型冠状病毒的传播。因此，可见该新闻报道主体客观全面地呈现出了新型冠状病毒疫情发生后世界各国积极应对紧急情况的新闻事实。

报道主体通过该篇灾难新闻报道，在灾难新闻语言的功能层面上，实施了灾难新闻语言的言内行为。

例 2　The first "presumptive" case of coronavirus in Canada has been identified at Toronto's Sunnybrook hospital, Ontario's chief medical officer of health said Saturday.

A 50-year-old man, who returned from a trip to Wuhan, China, on Wednesday, called 911 the next day and was taken by ambulance to Sunnybrook with a fever and cough. Tests came back positive for coronavirus on Saturday and the man is now being treated in isolation in a "negative pressure" room at the hospital.

Heath officials around the world are working to contain the coronavirus, known as 2019-nCoV, which as of late Saturday had infected nearly 2,000 people … . Despite its rapid spread, as of Saturday the virus had not been declared an international public health emergency by the World Health Organization.

（选自“*Toronto man being treated for coronavirus*”，*Toronto Star*，2020 年 1 月 26 日）

译文如下：

安大略省卫生部首席卫生官周六表示，加拿大首个“推断的”（疑似）冠状病毒病例已在多伦多的森尼布鲁克医院发现。

一名50岁的男子于周三从中国武汉回来，第二天打电话给911，被救护车带到桑尼布鲁克，伴随发烧和咳嗽症状。星期六的化验结果显示冠状病毒呈阳性，该名男子目前正在医院的“负压”室接受隔离治疗。

全世界的卫生官员正在努力遏制这种被称为2019-nCoV的冠状病毒。截至周六晚，该病毒已感染了近2000人……尽管该病毒传播迅速，但截至周六，该病毒尚未被世界卫生组织宣布为国际公共卫生紧急事件。

从例2加拿大媒体的报道中，公众可以了解到一名加拿大男子感染新型冠状病毒的事实，该男子的年龄、其感染的症状，并附加病毒名称以及目前的感染情况、严重程度，从而客观地为公众呈现出病毒传播的现状，以便公众及时了解病毒传播事实。

因此，从以上报道中，公众能够第一时间获知相关的事实。这也体现出新闻报道需要坚持客观真实这一原则的重要性。

例3 But are masks—which, except for being worn by a few supermodels and celebrities, have never really caught on in the UK—a good idea? SOME MASKS COULD BE WORSE THAN USELESS There are three basic types of face mask you can buy. First are washable cloth masks-often sold in bright colours. They've become something of a fashion item in Asia.

Then there is the light, loose surgical mask, made of a type of paper and other fibres. These are designed to be thrown away after each use.

Finally, there are close-fitting masks worn by hospital staff-and some London cyclists and builders-called the N95 or FFP3 'respirators'. These are also single-use. The effectiveness of each type in any given outbreak will depend on how the virus spreads.

Some viruses travel in larger 'droplets' of saliva or mucus. These are coughed or sneezed out by an infected person, propelled forward, and don't float in the air. They can be either directly inhaled or, commonly, picked up from surfaces by the hands, and then transferred when someone touches their face.

Other viruses are airborne or 'aerosol', and exist in tiny particles of moisture - in our breath and floating in the air - and spread more easily. Despite their popularity, there's not much evidence that surgical masks are an effective way to stop infection, although they may provide a physical barrier, protecting against any significant spray of saliva or mucus. Viruses and other pathogens can live on surfaces. People then touch these surfaces with their hands, and then touch their mouth or nose - infecting themselves. Surgical masks may have a use in preventing this kind of transmission. However, we don't yet know how the coronavirus spreads. If it travels via the 'droplet' method, as SARS and MERS mainly did, surgical masks may help protect you from particles expelled from coughs or sneezes. But viruses aren't always one or the other, according to researchers.

Both SARS and MERS also spread, occasionally, via fine aerosols.

And because most masks do not fit closely around the face, tiny airborne particles could still get through to the mouth and nose.

As Professor Raina MacIntyre, of the University of New South Wales in Sydney, Australia, says: 'The effectiveness of surgical masks against airborne infections is low, because they do not provide a seal around the face and do not have good filtration.' And the cloth masks popular in Asia (and make-shift bra masks, in case you were considering one) maybe worse than useless.

Prof MacIntyre led the only scientific study of them so far, in 14 hospitals in Hanoi, Vietnam.

'Cloth masks have no efficacy at all, and may even increase your risk of infection-especially if they are not washed regularly.' she says.

However, fellow University of New South Wales researcher Dr Abrar Chughtai says: 'Something is better than nothing.' IF THE MASK FITS, IT WILL PROTECT YOU MOST effective, research suggests, is the close-fitting mask. Doctors and nurses are advised to wear these against germs that are properly airborne, in tiny particles that float on air currents and go deep into your lungs - like measles, the most contagious virus known.

A tight fit is essential (they don't work with a beard) to keep out these particles.

Doctor Li Zhang, of Wuhan's Jinyintan Hospital, is fighting the new coronavirus at the epicentre.

Writing this week in the British medical journal The Lancet, he was clear: medical staff need the disposable close-fitting masks that stop fine aerosols.

But do ordinary people? They are uncomfortable to wear-not to mention expensive, working out at about £ 1.50 each on online sites.

And, according to Dr Abrar Chughtai and Prof Raina Mac-Intyre, the tight-fitting kind should be reserved for medical responders anyway. They are at the greatest risk, to themselves and others - and were key in spreading SARS.

Prof David Heymann, of the London School of Hygiene and Tropical Medicine, who led the fight against SARS while at the World Health Organisation, is more dubious about the value of wearing a mask.

'In general they are not known to be effective in protecting against infection,' he says.

Viruses invade eyes, too, and masks don't cover those.

Surgical masks can, however, stop someone from infecting other sick people. At the Beijing United Family Hospital last week, all visitors were required to wear surgical masks - to protect patients.

THE BEST DEFENCE? WASHING YOUR HANDS DESPITE. Questions over the effectiveness of masks, worried Chinese are buying them-with retailers selling out and …

With most medical protective equipment made in China, that shortage could spread. Some European countries are also warning of shortages. You could improvise, of course, with some in China even resorting to orange rinds and plastic bottles cut in half.

'You can use bras as masks - which is what people did during SARS 17 years ago when masks sold out,' says Julian Tang, of the Leicester Royal Infirmary.

But there are, perhaps, more useful things you can do.

The World Health Organisation advises wearing washable or disposable gloves in public, and washing hands regularly with soap or alcohol-based cleaner. Avoid touching doorknobs and other public surfaces. Stand 3ft from sick people and cough and sneeze into a tissue - then throw it away and wash your hands. Don't share towels.

Asked what single thing he would advise, Prof Heymann doesn't hesitate. 'Hand-washing,' he says.

So maybe you don't need to worry about masks after all.

(选自“*Can ANY mask really protect you from the coronavirus?*”, *Mail on Sunday*, 2020 年 2 月 2 日)

译文如下：

但是，戴口罩（除了少数超级名模和名人戴过的口罩之外，在英国从未真正流行过）是一个好办法吗？佩戴某些口罩可能比不戴更糟糕。你可以购买三种基本类型的口罩。首先是可洗的布口罩——通常以鲜艳的颜色出售。它们已经成为亚洲的时尚单品。

其次是轻便的，由纸和其他纤维制成的外科口罩。这些是在每次使用后都被丢弃的一次性口罩。最后是医务人员以及一些伦敦的骑自行车的人和建筑工人戴的严密贴合的口罩，称为 N95 或 FFP3“呼吸器”。这些也是一次性的。在任何疫情中每种类型的口罩有效性将取决于病毒的传播方式。

一些病毒会在唾液或黏液的较大“液滴”中传播。这些受感染的人咳嗽或打喷嚏，向前喷出，并不漂浮在空中。它们要么被直接吸入，要么在通常情况下，是附在人手上，然后在人触摸其面部时转移。其他病毒是经空气传播的或“气溶胶”病毒，它们以细小的湿气分子形式存在——在我们的气息中并在空气中漂浮——更容易传播。尽管广受欢迎，但没有很多证据表明外科口罩是阻止感染的有效方法，尽管它们可以提供物理屏障，防止唾液或黏液的大量喷洒。病毒和其他病原体可以在物体表面上存活。然后，人们用手触摸这些表面，再触摸其嘴或鼻子，从而感染。外科口罩也许可以用于预防这种传播。但是，我们还不知道冠状病毒如何传播。如果它像非典型性肺炎和中东呼吸综合症那样主要通过“液滴”方式传播，则口罩可能有助于保护您免受咳嗽或打喷嚏排出的颗粒物的侵害。但是研究人员认为，病毒并不总是一种。

非典型性肺炎和中东呼吸综合症有时也通过细小气溶胶传播。

而且由于大多数口罩不能很好地贴在脸上，因此微小的空气悬浮微粒仍可穿透口鼻。

正如澳大利亚悉尼新南威尔士大学的瑞娜·麦金太尔（Raina MacIntyre）教授所说：“外科口罩抵抗空气传播感染的效率很低，因为它们不能在面部周围提供密封，并且过滤效果也不佳。”而且在亚洲流行的布口罩（如果要考虑的话，还有临时胸罩口罩）可能比不用还要糟。

迄今为止，麦金太尔教授在越南河内的14家医院中进行了仅有的这类科学研究。

她说：“口罩根本没有功效，甚至可能增加感染的风险，尤其是如果不定期清洗的话。”

但是，新南威尔士大学的研究员阿布拉·楚格泰（Abrar Chughtai）博士说：“有总比没有好。”研究表明，如果口罩适合自己，它将最有效地保护你，最有效的是紧密贴合的口罩。建议医生和护士正确佩戴抵御空气中产生的、以微小的颗粒漂浮在气流中并深入肺部的细菌，例如麻疹，这是已知的最具传染性的病毒。

紧密贴合是必不可少的（它们不留胡须），以防止这些颗粒。

武汉市金银潭医院的张莉医生正在抗疫中心抗击新型冠状病毒。

他本周在英国医学杂志《柳叶刀》上写道，他很清楚：医务人员需要一次性的紧密贴合的口罩，以阻止细小气溶胶。

但是普通人呢？他们戴起来不舒服——更不用说昂贵了，网站上的价格约为1.50英镑一个。

而且，根据阿布拉·楚格泰博士和瑞娜·麦金太尔教授的说法，无论如何，都应该为一线医疗救护人员保留这种口罩。他们面临极大的感染风险，无论是对自己还是对他人而言——是传播非典型性肺炎的关键区域。

伦敦卫生与热带医学学院的大卫·海曼教授在世界卫生组织领导抗击SARS时，对戴口罩的用处持怀疑态度。

他说：“一般来说，口罩并不能有效防止感染。”

病毒也能侵入眼睛，口罩遮挡不了眼睛。

但是，口罩可以阻止患者感染其他病人。上周在北京和睦家医院，所有来访者都必须戴好外科口罩以保护患者。

最好的防御？洗手。尽管对口罩的有效性存在疑问，但一些感到担忧的中国人都在购买口罩——零售商销售一空，……

如果使用中国制造的大多数医疗防护设备，这种短缺可能会蔓延。一些欧洲国家也警告短缺。当然，你可以即兴创作，中国有些人甚至求助于橙皮和剪成两半的塑料瓶。

莱斯特皇家医院的朱利安·唐（Julian Tang）说："您可以使用胸罩作为口罩，这是人们在17年前的非典期间口罩售罄的时候所做的事情。"

但是，也许您可以做更多有用的事情。

世界卫生组织建议在公共场所佩戴可洗的或一次性的手套，并定期用肥皂或酒精清洁剂洗手。避免触摸门把手和其他公共表面。站在病人3英尺远的地方，咳嗽并打喷嚏到纸巾中，然后将其扔掉并洗手。不要共享毛巾。

当被问到他会有什么建议时，海曼教授毫不犹豫地说："洗手。"

因此，也许您根本不必担心口罩。

在例3中，英国《星期日邮报》详细地报道了在新型冠状病毒传播时期，戴口罩是否能够做到安全防护以及怎样才能做好防护等内容。具体而言，该报道实施的言内行为是向公众介绍了口罩的基本类型、病毒的传播方式、目前新型冠状病毒传播途径的不确定，专家与研究人员的建议、戴口罩的正确方式、预防新型冠状病毒传染的有效措施等，从而从多个角度向公众普及了如何预防新型冠状病毒感染的知识，使公众能够做到科学防范。

4.3.2.2 灾难新闻语言的言外行为

灾难新闻语言的言外行为是指在灾难新闻事件中，新闻报道者在某些适当条件下，会说出或写出符合特定语言使用规则并具有传播功能的话语对最新的灾难新闻事实进行报道，并借以表达出自己的意向的行为。灾难新闻语言的言外行为是新闻言语行为的最根本所在，体现在新闻报道主体的主观意图上。尽管灾难新闻语言应客观真实、准确地呈现灾难新闻事实，但灾难新闻语言不可避免地承载着新闻报道者的主观意图。新闻报道主体具有自身的认知能力，其认知活动不是针对客观事实的简单机械的、被动的反映，而是基于现有知识和经验的主动构建。

在同一灾难新闻事件中，不同的新闻报道主体通常倾向于根据其主观意图选择不同的词汇、句法结构、语法形式等，采取不同的方位和角度进行报道，从而实现其言外行为。但需要注意的是，不同媒体报道者的认知和行为是受到特定的社会环境影响的，因此新闻语言中反映出的不仅仅是客观的事实、主观的个体的认知，还有其所在社会文化背景、文化价值观的印记等。

因此，新闻报道主体对灾难新闻进行报道时不仅反映出自身的意图，同样可以看出其所在社会共同体对所报道灾难性事件的看法。例如：2019 年新型冠状病毒疫情爆发，各大媒体对这一事件进行了持续报道。

例 4　图 4-3 选自《中国日报》，图片附有简短的几行字：Together, we can defeat the coronavirus!

（选自《中国日报》英文版 *China Daily*，2020 年 2 月 4 日）

2020 年 2 月，新冠病毒感染的肺炎疫情防控工作处于关键时期。例 4 中，《中国日报》采用一幅绘有“病毒”“医务人员”“拳头”的图片配以文字“众志成城、共克时艰”并附上了相应的英文“Together, we can defeat the coronavirus”。从该新闻图片及图片上的话语可见，为了确保广大人民群众的健康和安全，遏制病毒的传播，打赢疫情防控阻击战，中国的医生们、军人、人民群众等积极履行社会责任，伸出援助之手，抗击疫情，共渡难关。新闻媒体报道者希望通过图上的所有信息传递出其言外行为。可以看出，图片表达的是，在当前形势下，人们团结一心，凝聚抗击疫情的强大合力，全员应对突发的新冠肺炎疫情。这样的新闻报道实施的言外行为展示出，中国政府和公众坚信，凝聚着人民强大力量的中华民族，一定能够赢得这场抗击病毒疫情的生命健康保卫战的胜利。同时，面对疫情，整个国家乃至整个世界既是命运共同体，更是责任共同体。它向人民群众传递出的信息是这场病毒疫情防控，从事各行各业的人员都在行动。抗击病毒疫情，大家在一起，万众一心才是战胜疫情的关键。

例 5　Believing in China will benefit all mankind

Trust and love for the world's oldest continuous civilization have been reverberating in the global community, yet disbelief and prejudice also abound.

Apart from losing hundreds of lives, thousands are hospitalized.

And millions have been deprived of Spring Festival reunions and the freedom to travel. Stock market plunges indicate growth slowdown as the economy struggles with other uncertainties.

Yet China's bad luck is being translated into the good fortune of the world, simply because the country stands as a responsible power of the global community, making sacrifices for the good of human destiny.

Its leaders are fully aware that winning this battle against the coronavirus may settle an ageless war with mankind's long-term foe. Its professionals braved all risks in parting with families on Lunar New Year's Eve and rushing into wards nearby or thousands of miles away.

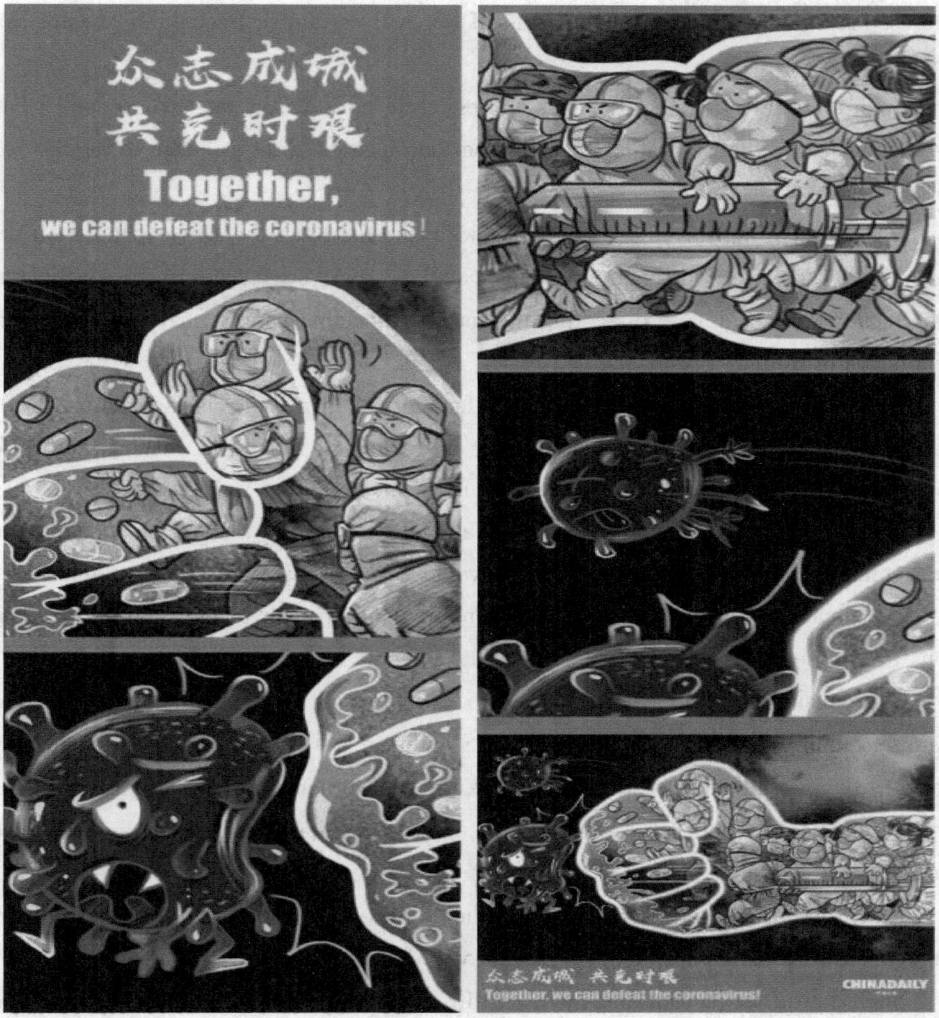

图4-3 新冠肺炎防疫图片

China shares key biological information in a timely manner with the international community, takes comprehensive approaches to prevent the further spread of the virus, and communicates transparently with fellow nations.

As the World Health Organization concluded in its Jan 30 statement: "The measures China has taken are good not only for that country but also for the rest of the world."

Yet discord emerges...

It is understandable for each nation to apply self-protection in line with WHO recommendations. But proposals of "shutting the border" to maximize one member state's interest may not necessarily immunize itself but will certainly affect public health as a whole.

Such a fallacy of composition was addressed decades ago by late US economist Paul A. Samuelson, "what is true of a part is, on that account alone, alleged to be also true on the whole".

Besides, cutting travel or trade links with one-fourth of the whole population and the world's largest growth engine, as advocated by some organizations and politicians, can amount to damaging or dissecting the hard-built global supply chain and affect the livelihoods of billions, if not all.

Sustaining healthy connectivity means far more than making us more human. The suffering of a neighbor is immediately felt, so caring for others also means caring for oneself and cultivating limitless strength against fear.

What the global community needs in hardship is solidarity, support and multi-sectoral collaboration to defeat the evil and develop virus-resistant cross-border links.

Developed members of this global community can tap their potential in finding solutions to stop secondary transmission, cure the infected and upgrade human links.

A promising certainty is that soon the Chinese will win the duel with the devil thanks to their experiences in tackling SARS within months and helping Africa stop the Ebola virus, the advantages in massive backup for governance, the vitality of traditional Chinese medicine, their selfless dedication, plus humanitarian support from other peoples.

Each day, more and more Chinese who were seriously ill from coronavirus-borne pneumonia walk out of hospital and reunite with families after beating death.

Such gain through pain and sacrifice will serve the public health of the human species.

History will prove that human merit of mutual love prevails over the novel coronavirus, and that China fulfills its mission and honors its role for a better future for mankind.

（选自"Believing in China will benefit all mankind"《中国日报》英文版 *China Daily*，2020 年 2 月 10 日）

译文如下：

相信中国将造福全人类

对地球上这一最古老的连续的文明的信任和爱，在全世界回荡，但怀疑和偏见也比比皆是。

数以百计的生命逝去，还有上千人在医院住院。

数以百万计的人被剥夺了春节聚会和旅行的自由。股市暴跌表明，经济正在与其他不确定的因素作斗争，因而增长速度放缓。

然而，中国的不幸正在转化为世界的好运，只因中国是国际社会中的一个负责任的大国，为人类的福祉做出牺牲。

中国领导人完全意识到，赢得这场冠状病毒疫情战役可能会解决与人类长期敌人的永恒之战。参与抗击疫情的专业人员冒着一切风险在除夕夜与家人别离，奔赴附近或数千英里之外的病房。

中国及时与国际社会分享重要的疫情信息，采取综合措施防止病毒进一步传播，并与各国进行透明的信息交流。

正如世界卫生组织在1月30日的声明中所作出的总结："中国采取的措施不仅对本国而且对世界其他地区都是有益的。"

然而，不和谐的声音出现了……

各国根据世界卫生组织的建议实施自我保护是可以理解的。但是，"关闭边关"以最大化一个成员国的利益的提议不一定能使自己免疫，但必然会影响整个公共卫生体系。

几十年前，已故美国经济学家萨缪尔森（Paul A. Samuelson）击破了这种结构上的谬论，"仅就这一点而言，一部分是正确的，被认为整体上也是正确的"。

此外，某些组织和政界人士主张，切断与拥有世界四分之一人口、世界上最大的增长引擎之间的旅行或贸易联系，这种做法会损害或分割坚硬的全球供应链，并影响即使不是全部也是数十亿人的生计。

保持良性的沟通不仅意味着使我们更加人性化，即刻感觉到邻居的痛苦，并去关心，也意味着关心自己并孕育无穷的力量来对抗恐惧。

国际社会在困境中需要的是团结、支持和多部门合作，以战胜恶魔并建立抗病毒的跨境联系。

全球共同体中的发达国家可以挖掘自身潜力，寻找解决方案来阻止二次传播，治愈感染者并改善人际关系。医疗保健体系较弱的国家可以查看中国各医院的预防和康复记录。

在这场危机中，中国正领悟出要改善其紧急医疗和行政机制。可以肯定的是，中国得益于在几个月内解决非典型性肺炎和帮助非洲制止埃博拉病毒的经验，集中力量办大事的制度优势，中药的活力，无私的奉献精神，以及他国人民的人道主义支持，中国很快能够战胜恶魔。

每天有越来越多的患者战胜病魔，康复出院，与家人团聚。他们是习近平主席所说的中国有信心战胜这场疫情的生动见证者。

通过痛苦和牺牲得来的这种收获将为全人类的公共健康服务。

历史将证明人类互爱的优势胜过新型冠状病毒，中国将履行其使命，为人类的美好未来履行自己的职责。

在该新闻报道中，新闻报道主体将历史和现在相联系，将中国与全世界相联系，表达的是呼吁公众采取行动这样一种言外行为。具体而言，这一报道实施的言外行为传达了中国媒体对当前疫情的态度：人类现在属于一个共享未来的命运共同体。在当前时代背景下，相信中国就是相信人类。相信中国政府和民众能够万众一心打赢这场疫情战役，中国在抗击疫情的过程中将为人类未来的公共健康服务，因此呼吁各国政府和社会各界人士，应当以积极的态度和坚定的信心来看待中国在此次疫情中所做出的巨大努力。对世界而言，中国在疫情爆发后采取了严格的措施，中国人民所做出的奉献与牺牲，中国经济等所付出的代价，都说明了中国体现出了作为国际社会中的一个负责任大国的担当，中国号召国际社会在困境中需要团结、合作，相互支持，建立联系。只有这样才能战胜疫情，为人类的公共健康服务。

例 6　China appreciates Japanese understanding, support in fighting epidemic: spokesperson（图 4-4）

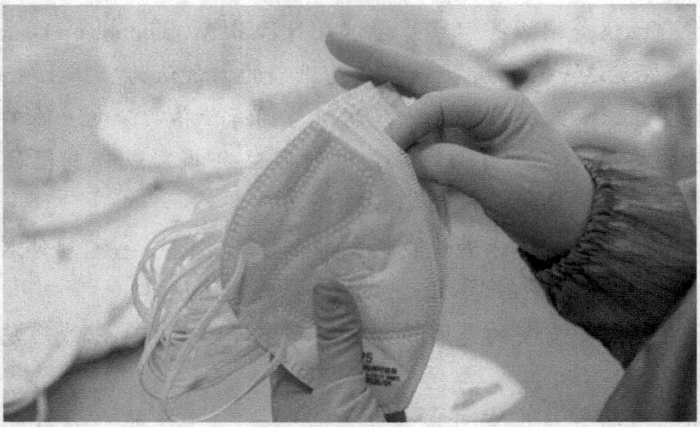

图 4-4　工人清点口罩数量

2020 年 1 月 26 日，一名工人在位于中国东部上海的上海远沁净化技术有限公司清点口罩数量。（新华社/丁婷）

China appreciates Japanese sympathy, understanding and support in China's fight against novel coronavirus epidemic.

The Japanese governmental organizations and businesses have donated large batches of masks, goggles and protective suits, to help epidemic prevention and control in China, according to Hua.

"The Tokyo Skytree has been lit up red and blue to cheer up and pray for China," Hua said.

She also said that in response to the extreme and discriminatory words uttered by some countries, officials from the Japanese Ministry of Health, Labor and Welfare countered at the press conference that what is at fault here is the virus, definitely not people.

"I believe many Chinese netizens have also noticed these heartwarming details," Hua said. "We thank those countries for their sympathy, understanding and support during this difficult time. We will keep these in our heart."

（选自“China appreciates Japanese understanding, support in fighting epidemic: spokesperson”《环球时报》英文版 *Global Times*, 2020 年 2 月 11 日）

译文如下：

外交部发言人：中国感谢日本在中国对抗新型冠状病毒疫情中的理解和支持。

中国感谢日本在中国对抗新型冠状病毒疫情中给予的同情、理解和支持。

华春莹表示，日本政府组织和企业捐赠了大批口罩、护目镜和防护服，以帮助中国预防和控制疫情。

她说：“东京晴空塔已被红色和蓝色点亮，为中国加油和祈福。”

她还指出，对某些国家出现的极端和歧视性言论，日本厚生劳动省的官员在新闻发布会上反驳说，“坏的是病毒，绝对不是人”。

她说：“我相信，许多中国网民也注意到了这些令人暖心的细节。”她说：“我们对其他国家在这一困难时期给予的同情、理解和支持表示感谢。我们将铭记在心。”

从该则新闻报道中，可以看出该新闻报道主体意在传递的是感谢这一言外行为。在新冠肺炎疫情时期，外交部发言人运用相关词汇与表达，陈述他国为中国抗击疫情所做的事情，实施感谢言语行为，代表中国向全世界给予同情、理解和支持，捐赠大量防疫物资的国家和人民表达感激与谢意。

例 7 Cure rate for coronavirus infection rises in China: health official.

译：卫生官员表示：中国冠状病毒感染的治愈率上升。

在从该新闻标题和图片中（图 4-5），可以看出，随着中国冠状病毒感染的治愈率上升，湖北和武汉的医疗能力的明显增强，来自全国各地的医务人员的支持以及床位的增加，治愈出院患者的数量增多，对于新闻受众而言，表达出的是一种心理上的安慰行为，使受众能够消除心理上的紧张不安与恐惧情绪。

（选自“Cure rate for coronavirus infection rises in China: health official”，《新华网》，2020 年 2 月 11 日）

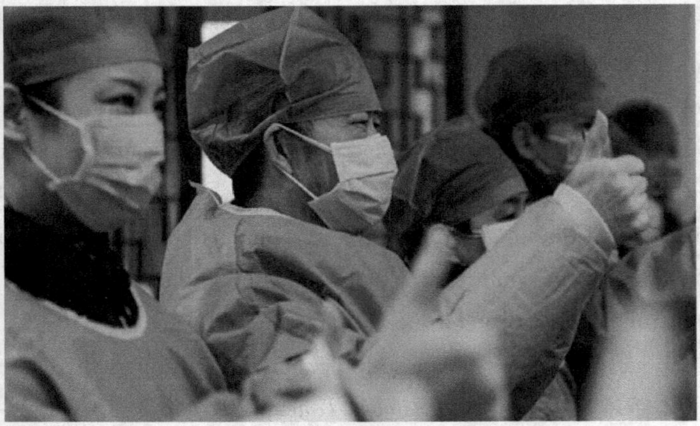

图 4-5　新冠肺炎防疫新闻图片

图片来源于新华网：2020 年 2 月 6 日，治愈的新型冠状病毒性肺炎患者在中国中部湖北省武汉市的一家医院为自己喝彩。

例 8　Race to track down contacts of Britain's first coronavirus cases

Chris Whitty, the chief medical officer, played down the wider risk, saying that infection would be halted by tracing contacts. "The two cases coming in today do not increase the risk to the UK; the risk comes from the situation China going out of control," he said.

The coronavirus was first detected barely a month ago but the number of confirmed global cases has already reached at least 9,692, surpassing the 8,100 people infected during the outbreak of severe acute respiratory syndrome, or Sars, in 2002-2003. There have been 213 confirmed deaths, all in China.

Calculations published yesterday in The Lancet by the University of Hong Kong estimated that the true toll was 75,000 in Wuhan alone.

In a tightening of health advice, anyone who feels ill after travelling from anywhere in mainland China in the past two weeks has been urged to stay away from others for 14 days.

（选自《Race to track down contacts of Britain's first coronavirus cases》，《泰晤士报》*Times*，2020 年 2 月 1 日）

译文如下：

加速追踪英国首例冠状病毒病例的接触者

首席医疗官克里斯·惠蒂淡化了更大的风险，他表示，通过追踪接触者可以阻止感染。他说："今天发生的两例并没有增加英国的风险；风险来自中国失控的情况。"

冠状病毒在一个月前首次发现，但已确诊的全球病例至少已达9692人，超过2002~2003年严重急性呼吸道综合征（Sars）爆发期间被感染的8100人。在中国共有213例确认死亡。

据香港大学昨天发表在《柳叶刀》上的计算结果估计，仅武汉一地的实际死亡人数就是75000人。

为了加强对健康的建议，在过去的两周里，从中国大陆任何地方旅行后感到不适的任何人都应敦促隔离14天。

从英国《泰晤士报》对克里斯·惠蒂的评价报道，可以看出其传递出的言外行为。该媒体报道者认为新型冠状病毒感染的肺炎疫情风险比首席医疗官克里斯·惠蒂所说的要更大。但报道中出现的数字，如9692、8100、213、75000均无权威来源渠道说明，且与客观事实不相符，同时使用不确定性词汇如estimate（估计）、短语out of control（失控），片面报道中国地区疫情形势，对中国政府采取的积极措施却只字未提。可见，该则新闻报道并非基于客观数字的描述，很多情况下通过使用不确定性词汇和非官方数字，达到报道目的。

从以上分析可以看出，不同的新闻报道主体对同一客观事实通过选择不同的用词进行报道，实施不同的言外行为，表达各个媒体对所报道的事件的观点，同时反映了他们所在共同体对所报道事件的立场和态度。

4.3.2.3 新闻报道话语的言后行为

新闻报道话语的言后行为指的是新闻报道主体进行的新闻报道对受众的思想、行为、情感、态度等产生了反应。新闻报道基于客观的事实，选取不同的报道视角，向受众表达出相关的观点、情感和态度，目的即在于对受众产生相关的言后行为，作出相关反应，采取某些行动等。如：

例9 More plasma needed from recovered coronavirus patients, experts say

Experts are encouraging more patients who have recovered from the novel coronavirus to donate their plasma to save those in critical condition.

"We still have around 10,000 cases of seriously ill patients, they are constantly on our mind and are of upmost priority," Sun Yanrong.

Sun said doctors still need effective clinical methods to reduce the fatality rate of these critically ill patients. Plasma transfusion is an ancient technique, it has been used in the last few decades as a last resort against infectious diseases, such as SARS and Ebola.

Plasma is the liquid part of the body's blood, which contains important proteins crucial to one's overall health as well as many kinds of antibodies, some of which are effective against the coronavirus. But researchers must select the most effective antibodies from plasma donated by recovered patients, and administer plasma based on compatibility with the infected patient's blood type.

As a result, Chinese scientists have been working hard to modify and improve their techniques to handle this viral outbreak. They collected the first convalescent plasma on Feb 1, and the first patient received plasma treatment on Feb 9 at the Jiangxia First People's Hospital in Wuhan.

Ten more critical patients also received plasma treatment in the following week. As of today, one patient has already recovered and was discharged from the hospital, and one patient could now leave their bed and walk, and the rest of the patients are steadily recovering, Sun said.

Scientists will continue researching the potency and safety of the plasma treatment, she said. "Current results show plasma transfusion is a safe and effective treatment for critically ill patients, but this method requires support from the whole society", she said.

"I would like to thank the first recovered patient who donated 300 milliliters of her plasma, as well as all the patients who followed", she said.

"Their contribution has provided us with an effective tool against the virus, and gave hope to critically ill patients who are struggling for their lives", Sun said. "We would like to urge the public to donate their plasma to help those in need. With the whole society working together, we can surely overcome the epidemic."

Guo Yanhong, a medical expert from the National Health Commission, said there are strict quality regulations governing the collecting, processing, storage and administration of convalescent plasma for clinical use.

Guo urged provincial governments to establish dedicated medical teams to follow these rules and ensure the quality and safety of plasma transfusion treatments. "We have to protect the safety of donors and patients", she said.

（选自“More plasma needed from recovered coronavirus patients, experts say”，《中国日报》英文版 *China Daily*，2020 年 2 月 17 日）

译文如下：

专家呼吁更多治愈的新冠病毒患者捐赠血浆

专家们鼓励更多康复的新型冠状病毒患者捐献血浆，来挽救那些处于危急状态的患者。

孙燕荣在周一的新闻发布会上说：“我们仍然有大约 10000 例重病患者，他们一直在我们的脑海中，并且是当务之急。”

她说，医生仍然需要有效的临床方法来减少这些重症患者的死亡率。血浆输注是一项古老的技术，在过去的几十年中，血浆输注已作为抗击 SARS 和埃博拉等传染病的最后手段。

血浆是人体血液中的液体部分，其中包含对人体全身健康起关键作用的重要蛋白质以及多种抗体，其中一些对冠状病毒有效。但是研究人员必须从康复患者捐赠的血浆中选择最有效的抗体，并根据与感染患者血型的相容性来管理血浆。

总之，中国科学家一直在努力修改和改进他们的技术以应对这种病毒爆发。他们于 2 月 1 日收集了首个康复期血浆，并于 2 月 9 日在武汉市江夏区第一人民医院对第一位患者进行康复血浆疗法。

在接下来的一周中，又有 10 名重症患者接受了康复血浆疗法。截止到今天，一名患者已经康复并且已经出院，一名患者现在已经可以行走，其余的患者正在稳定地康复中。

她说，科学家将继续研究等离子体处理的效力和安全性。她说："目前的结果表明，血浆输注对于重症患者是一种安全有效的治疗方法，但是这种方法需要整个社会的支持。"

科学技术部和国家卫生委员会将共同努力促进这种治疗。她说："我要感谢第一位康复者，他捐出了 300 毫升血浆，也感谢紧随其后的所有患者。"

她表示："他们的贡献为我们提供了一种有效的抗病毒工具，并为在生命中挣扎的重症患者带来了希望。""我们希望敦促公众捐赠血浆以帮助有需要的人。随着整个社会的共同努力，我们一定可以攻克这一流行病。"

国家卫生健康委员会医学专家郭艳红表示，有严格的质量管理规范，监督临床使用的恢复性血浆的收集、加工、储存和管理。

郭敦促省政府建立专门的医疗队，遵守这些规定，并确保血浆输注治疗的质量和安全性。她说："我们必须保护捐赠者和患者的安全。"

中国的主流媒体通过发布大量类似的新闻报道，向公众介绍了客观的新闻事实，并发出号召。例如，在此篇新闻报道中，新闻主体通过重要的数字"around 10,000 cases of seriously ill patients"、修饰性词汇"in critical condition, of upmost priority, urged"等，大量的直接引用，如"Their contribution has provided us with an effective tool against the virus, and gave hope to critically ill patients who are struggling for their lives""We would like to urge the public to donate their plasma to help those in need. With the whole society working together, we can surely overcome the epidemic"或间接引用，如"Guo Yanhong, a medical expert from the National Health Commission, said there are strict quality regulations governing the collecting, … ."等，传递客观的新闻事实和报道主体的态度，并在不同程度上影响听众的态度与情感。客观的事实是各医院正开展康复病人恢复期血浆的输入，血浆输入对于重

症患者作为一种安全有效的治疗方法，已显示出了初步的效果，但目前血浆严重不足，因而在此基础上向公众表明态度，发出了“为患者捐献血浆”的号召，呼吁康复出院的患者积极去医院捐献血浆，帮助有需要的患者，大家共同努力，共渡难关，同时还通过引用专家观点“We have to protect the safety of donors and patients”，以此尽力消除公众的疑虑。因此，可以说这类新闻报道常常使新闻报道主体的主观意图、情感和态度无形地渗透到听众的思想和观念中，从而影响听众对新闻事实作出的选择，使受众接受报道主体的观点和立场。从例 10 中的新闻报道的事实来看，在看到大量呼吁捐赠血浆的报道后，很多受众迅速果断地采取了行动。

例 10　Recovered patients donating plasma to save others

More patients who have recovered from the novel coronavirus volunteered to donate their blood plasma to save those in critical condition after experts said that plasma from recovered patients is effective in treating coronavirus.

The 40-year-old was confirmed with NCP on Jan 31 and discharged from a hospital in Changsha, Central China's Hunan province on Feb 9 after being cured.

Cao has been donating blood regularly. He has donated blood more than 10 times.

"I wish recovered patients would donate their plasma to contribute to the efforts in fighting against the epidemic," he said.

In East China's Shandong province, a young man surnamed Liu from Dezhou donated his plasma on Sunday.

"I received much help when I was in the hospital. It's my honor and obligation to do what I can to contribute to the anti-epidemic efforts," Liu said, adding he was supported by his family members.

"Their contribution has provided us with an effective tool against the virus, and gave hope to critically ill patients who are struggling for their lives," Sun Yanrong, deputy director of the China National Center for Biotechnology Development, said on Monday.

Li Peng, deputy director of the Shandong Blood Center, said there are strict quality regulations governing collecting, processing, storage and administration of convalescent plasma for clinical use.

（选自 *Recovered patients donating plasma to save others*，《中国日报》英文版 *China Daily*，2020 年 2 月 18 日）

译文如下：

康复患者捐赠血浆以救治他人

专家表示从康复患者身上获得的血浆可有效治疗冠状病毒，此后，更多康复的新型冠状病毒患者自愿捐献血浆以挽救处于危急状态的患者。

有位40岁男子于1月31日确诊新型冠状病毒肺炎，并于2月9日治愈后从中国中部湖南省长沙市一家医院出院。

曹姓男子一直定期献血。他献血超过十次。

他说："我希望康复的患者捐出血浆，为抗击这一流行病做出贡献。"

在中国东部的山东省，一名来自德州的刘姓年轻人周日捐赠了血浆。

他说："我在医院时得到了很多帮助。我很荣幸也有义务尽我所能，为抗击流行病做出贡献。"他补充说，自己得到了家人的支持。

中国生物技术发展中心副主任孙燕荣说："他们的贡献为我们提供了一种有效的抗病毒工具，并使那些为生命而挣扎的重症患者充满希望。"

山东省血液中心副主任李鹏说，目前有严格的质量管理规定，用于临床使用的恢复性血浆的收集、加工、储存和管理。

从该新闻报道中，可以看出新闻媒体通过前期的宣传与报道，利用数字、修饰性词汇特定句型、直接或间接引用等，潜移默化地对受众的观点、行动、态度和情绪等产生影响，产生重要的新闻媒体话语的言后取效行为，可见新闻媒体话语发挥出来的社会组织、动员等巨大影响力，对受众行为和态度、情绪的影响得以充分体现出来。但事实表明，受众常常基于自身的主观意识、情感状态、观点立场以及客观环境的影响并不容易完全受新闻报道主体的影响，做出预期的响应等，因此，新闻媒体如何获得其预期的言后效果，无形中最大限度的影响受众的思想、行为和情感等，是构建新闻事实进行报道的一个关键所在。

4.4 灾难新闻报道中人文精神分析[1]

突破传统模式，以语用学理论为指导，运用言语行为理论分析灾难新闻话语，探讨新闻媒体在灾难新闻报道中如何体现人文精神。研究表明，新闻媒体灵活运用不同类别的言语行为以体现出其人文精神。

4.4.1 引言

到目前为止，对于灾难新闻报道的研究主要集中在语言学和新闻传播学领域。其中，语言学领域体现在：（1）运用文体学或功能文体学分析新闻报道中语篇，提出语篇的主要社会功能，总结语篇宏观上的语言特色，揭示语言运用的表达效果和交际功能；（2）运用韩礼德的系统功能语法，如概念功能中的及物性系统、人际功能中的语气系统、语篇功能中的主位系统的相关理论，论述灾难

[1] 本节引自《灾难新闻报道中人文精神研究》一文。本文原载于《西部大开发》2012年第9期第20页。作者：汪婷婷，谢秋恩，陈艺林。有改动。

新闻报道整体特点；（3）语言学理论指导下，揭示灾难新闻报道语言的隐藏含义，阐述语篇与意识形态的关系。可发现，语言学领域并未涉及灾难新闻报道人文主义的具体研究。在语用学视角下，探讨新闻报道言语行为所体现的人文精神。

4.4.2 言语行为理论

言语行为理论最早由英国语言哲学家奥斯汀于 20 世纪 50 年代提出。他（1962）认为，人们说话时是通过其话语实施某种行为，即以言行事。语言交际的单位是通过词与句子完成的言语行为。他指出，人们在说话的同时实施三种言语行为，分别是言内行为、言外行为和言后行为。言外行为（illocutionary act）是说话者通过话语表达某种意图，对听众的思想情感产生影响的行为；言后行为（pedocutionary act）是通过说话者的话语所实施或导致的行为，它是话语产生的后果或所引起的变化。即“说出某些话常常，甚至一般都会对观众、听众或其他人在情感、思想或行动上终会产生一定的影响”。在这三类言语行为中，Levinson 指出奥斯汀关注的重点是言外行为，即研究语言交际的主要问题应当是说话人如何用语言传达自己的意图，听话人如何正确地理解说话人的意图。

美国分析哲学家约翰·塞尔继承并进一步发展了言语行为理论，并提出间接言语行为理论。塞尔认为，在任何语言交际中都涉及语言行为，语言交际的基本单位是言语行为。他进一步将言语行为分成五大类，分别为“阐述类（representative）表示某一话语的命题内容的真实性，如陈述、描述等；指令类（directive）指说话人通过某一话语指使或指令听话人去做某事，如问候、感谢等；宣告类（declaration）指说话人通过某一话语进行宣告，如宣誓、命名等”。在灾难新闻报道中，不同类别言语行为的运用，体现出媒体不同的意图和情感。

4.4.3 灾难新闻体现人文精神

在语用学理论指导下，运用言语行为理论，分析灾难新闻报道语言特征，探讨灾难新闻报道从语言角度如何实现人文精神，人文精神的核心是以人为本，把人放在最重要的位置上，尊重人的价值。通过分析，灾难新闻报道主要运用以下四类言语行为，彰显其人文精神。

4.4.3.1 阐述类言语行为

通过语料分析发现，灾难发生时，新闻媒体作为说话者总是以最快速度向受众提供灾难信息，尽可能地使受众多了解到灾情本身，从而有助于受众迅速作出反应，如采取有效的措施来减轻灾难程度等。如：

例 11 CHENGDU, China—A powerful earthquake struck Western China on Monday, toppling thousands of homes, factories and offices, trapping students in schools, and killing at least 10,000 people, the country's worst natural disaster in three decades.

（选自 *The New York Times*，2008 年 5 月 13 日）

例 11 中在地震发生的第一时间，新闻媒体及时发布时间、地点、事故伤亡人数等信息，满足受众的知情权。在此例中，媒体在重视对灾难事件本体的报道、更新伤亡信息的同时，重点报道政府的抗震救灾动态，体现出政府作为人民的坚强后盾，给人民群众以信心，从而表达出媒体的人文精神。

4.4.3.2 宣告类言语行为

例 12 But there's a common Japanese word, "gaman," that doesn't really have an English equivalent, but is something like "toughing it out." And that's what the people of Kobe did, with a courage, unity and common purpose that left me awed.

（选自 *The New York Times*，2011 年 3 月 11 日）

例 12 中，媒体使用“truly noble, perseverance, stoicism, orderliness”“courage, unity, common purpose, awe”等词，赞扬了该地区人民的优秀品质，体现出媒体对面对灾难的人民的精神支持和肯定，对受众是一种极大的鼓舞和安慰，不难看出媒体运用语言文字所展示的人文主义。

4.4.3.3 表达类言语行为

媒体在报道灾难事件时，运用表达类言语行为来传递自身的内在情感。通过描述灾难中生命个体的生存状态，引发人们的关爱和同情。从大量的中西方灾难新闻中，我们发现，媒体关注的灾难中的生命个体大多集中在老人、妇女和儿童等身上。通过客观的表述来体现灾难中的弱者的悲苦，从而深深地触动受众，引发人们的共鸣。

新闻媒体在报道个体时，使用直接引语“We need bread and water”，“Please also tell people that we need medicine”，两次使用情态动词“need”以及使用“homeless, crowd, muddy fields”，向受众展示出受灾人群极其无助、急需帮助的艰难状态。媒体的主要意图是引起大众的关注和同情，促使人民群众能够及时采取行动，加入抗震救灾奉献爱心的队伍。

4.4.3.4 承诺类言语行为

新闻媒体常常使用承诺类言语行为，来向受众表达传递人们对灾难顽强抵抗的精神，并给于受众以渡过难关的精神支持和信心。如：

例 13 "I am Grandpa Wen Jiabao," the prime minister said as he watched two children being pulled from the rubble, according to Xinhua, the official state news agency.

"Hold on, kids! You'll definitely be rescued."

（选自 *The New York Times*, 2008 年 5 月 15 日）

从例 13 可看出，媒体通常采用大量篇幅报道领导者的力量。直接引用温家宝总理的话语，从而给受灾群众以极大的鼓励，同时增强了民族凝聚力，增加了人民群众战胜困难、重建家园的信心。

4.4.4 结语

在灾难报道中，媒体越来越多地让我们感受到人文精神的魅力。通过及时传递、不断更新灾难信息，满足受众知情权；使用强有力的话语，增强灾区人民的信心；细致报道受灾个体的生存状态，引发人们的关注、同情和行动；报道政府行为、引用领导者话语等，增强受众战胜困难的信心。从新闻媒体报道的语言运用中，体现出新闻媒体的人文精神。

4.5 灾难新闻报道者意向分析[1]

灾难新闻，因其具有的突发性和对社会生活的破坏性等而受到广泛的关注和研究。目前灾难新闻研究主要涉及语言特点以及语篇与意识形态关系等。对于新闻报道者意向的研究相对较少，因此通过分析新闻报道，解析新闻报道者意向。研究运用奥斯汀和塞尔的言语行为理论分析灾难新闻报道，发现报道者通常通过直接和间接的方式，采用不同的新闻报道话语传递出不同的意向。研究表明，灾难新闻报道者通过采用选择不同的报道话语，意在传递客观灾难信息的同时，表达其情感状态和引导公众行动。

4.5.1 引言

目前，在新闻学领域和语言学领域，对于灾难新闻报道的研究已具有一定的深度和广度。其中语言学领域对于灾难新闻的研究，涉及语言特点以及新闻语篇和媒体意识形态的关系等。在语用学理论指导下，运用奥斯汀和塞尔的言语行为理论，对中外媒体的英语灾难新闻报道进行动态的语言分析，试图探讨新闻语言的本质特征，解析新闻报道者的报道意向。

4.5.2 言语行为理论

4.5.2.1 奥斯汀的言语行为理论

20 世纪 50 年代，英国语言哲学家奥斯汀最早提出言语行为理论。他

[1] 本节引自《英语灾难新闻报道者意向研究》一文。本文原载于《信阳农业高等专科学校学报》2012 年第 22 卷第 3 期 78-80 页。作者：汪婷婷，黄秋文。有改动。

(1962) 认为，人们说话时是通过其话语实施某种行为，即以言行事。语言交际的单位是通过词与句子所完成的言语行为；言语行为由言内行为，言外行为和言后行为组成。言内行为是通过句法、词汇和音位来表达字面意义的行为；言外行为是说话者通过话语表达某种意图的行为，如要求、承诺、询问等，言后行为是通过某些话所实施的行为，或讲某些话所导致的行为，它是话语产生的后果或所引起的变化。即“说出某些话常常，甚至一般都会对观众、听众或其他人在情感、思想或行动上产生一定的影响”。Levinson 指出言外行为是奥斯汀关注的重点。在奥斯汀看来，说话人如何用语言表达自己的意图，听话人如何正确理解说话人的意图，是研究语言交际的中心问题。

4.5.2.2 塞尔的言语行为理论

20 世纪 70 年代中后期，美国分析哲学家约翰·塞尔继承和发展了言语行为理论，塞尔认为，在任何语言交际中都涉及语言行为。塞尔进一步对言语行为进行更加科学合理的分类，并提出意义理论和间接言语行为理论。

根据塞尔的观点，言语行为可分成五大类：阐述类（representative）表示某一话语的命题内容的真实性，如陈述、描述等；指令类（directive）指说话人通过某一话语指使或指令听话人去做某事，如建议、请求；承诺类（commissive）指说话人通过某一话语使自己承担某种义务去做某事，比如许诺、威胁等；表达类（expressive）指说话人通过某一话语表达其内心状态或态度，如问候、感谢等；宣告类（declaration）说话人通过某一话语进行宣告，如宣誓、命名等。在这五类行为中，每一类中的行为都表达同样的目的，但所表达的言外之力可能具有不同程度之分。

塞尔将言语行为与意义结合起来加以研究，他认为说话者的意向和说话时的语境需要联系起来才可确定话语意义。塞尔声称，人们说出一句话可表示三种意图：意图告知听话者某些规定的事态；意图使听话者通过该话语理解其意图；意图使听话者利用相关知识理解说话者意图。

塞尔最重要的贡献在于首次提出间接言语行为理论。他认为，间接言语行为是通过实施一个言语行为来间接地实施另一个言语行为。塞尔把间接言语行为分为两类：规约性和非规约性间接言语行为。对于规约性间接言语行为，听话者只要对语句的字面意义作一般推断，就可确定句子的言外之意；对于非规约性间接言语行为，听话者要高度依赖背景信息和语境等来识别言外之意。综上所述，言语行为理论阐释了人们如何运用语言字面意思表达言外之力实施各种言语行为，为语言研究作出重要贡献。

4.5.3 英语灾难新闻报道者意向分析

根据言语行为理论，我们把新闻报道看作是涉及报道者和受众的一种报道行为。因此，报道者在报道时就同时实施三种行为：言内行为、言外行为和言后行为。言内行为指通过报道用词、语句等传递字面意义的行为；言外行为指通过新闻报道传递报道者意图；言后行为指报道者通过新闻报道对受众的思想和行为所产生的影响。本文通过分析新闻报道话语，关注新闻报道的言外行为，解析报道背后所隐藏的新闻报道者的意向。

4.5.3.1 通过新闻报道传递灾难事实

灾难发生后，公众希望通过媒体了解灾难的性质、灾难发生的原因、灾难发生的过程、灾难造成的危害后果（包括次生灾害情况等），获知灾难的全貌。因而，灾难新闻报道者首要的基本任务就是向公众传达真实客观的灾难新闻事实。因此，灾难新闻报道者通常使用阐述言语行为向公众传递事实，即报道者作出陈述或者给出描述其认为是真实的信息。如：

例 14 On the afternoon of May 12, 2008, a 7.9-magnitude earthquake hit Sichuan Province, a mountainous region in Western China, killing about 70,000 people and leaving over 18,000 missing.

（选自 *The New York Times*，2009 年 5 月 6 日）

例 14 是一篇四川地震报道的开头部分，报道者向公众说明他们最关注的地震事实，如地震发生时间、地点、级别和后果。通过大量引用数字，意在准确真实客观地告知受众这次地震的各项信息，从而满足受众对整个灾难性事件的认知。

4.5.3.2 通过灾难新闻报道表达情感状态

人们在认识事物的同时，必然对认识对象产生一定的情感反应，新闻报道者也不例外。尽管新闻报道力求客观，但情感因素仍出现在新闻报道者的报道过程和新闻作品中。通过观察分析语料发现，新闻报道者使用不同的报道语言体现不同的情感状态。例：

例 15 Chinese President Hu Jintao, who have just completed a 5-day official visit to Japan, has ordered prompt rescue efforts to take care of the affected. Premier Wen Jiaobao has cut short his inspection trip in central Henan Province, and have flown to Chengdu to lead the government rescue efforts.

（选自 *China Daily*，2008 年 5 月 12 日）

例 15 以政府行为为报道主体，这在中国的灾难新闻报道中极其常见。报道者使用阐述言语行为，讲述国家领导人胡锦涛主席和温家宝总理的日程工作安排，意在大力宣传政府对地震救援的重视，中国共产党和政府对人民的关心，从而向受众表达出其积极的情感，鼓励受难者并给予受难者以勇气和信心，使整个社会群体在灾难面前能够朝着积极的方向发展。报道者除了通过报道激励受众和受害者以外，还可新闻报道传递的情感内容非常丰富。再如：

例 16 The bodies are everywhere. Some are zipped inside white vinyl bags and strewn on the floor. Others have been covered in a favorite blanket or dressed in new clothes. There are so many bodies that undertakers want to cremate them in groups. They are all children.

（选自 *The New York Times*, 2008 年 5 月 14 日）

该报道以灾难事件中的受害者为报道主体，满足了受众对灾难中受害者的关怀和对灾难本身的认知，使受众了解到灾难事件中受害者的状态，报道者对现场进行大量的细节描写，其中“They are all children”放在该段最后，体现出报道者不仅以阐述言语行为传递客观的受害者的信息，更为重要的是表达出对受害者的强烈同情。

4.5.3.3 通过新闻报道引导公众行动

新闻报道除了隐藏报道者情感以外，还蕴含了报道者引导受众采取行为这一意图。当灾难发生时，新闻报道者的任务不仅仅是单纯地报道事实，同时需要成为一个发表意见、影响舆论的工具。报道者在向受众准确提供真实情况的基础上，在一定程度上影响受众的思想和行为，对受众进行带有目的性的宣传和引导，促使受众能够有所行动。如：

例 17 Hundreds of thousands of people remain homeless, some crowded into camps like the Nine Continents Gymnasium where Ms. Yang is staying, others sleeping in muddy fields in the mountains. Food and water are becoming scarcer, and medical experts warn of outbreaks of influenza, diarrhea and other diseases.

（选自 *The New York Times*, 2008 年 5 月 16 日）

例 17 报道中，报道者将灾区艰难的生存条件呈现在受众面前。通过“homeless, crowd into, muddy, scarcer”说明受灾者最基本的吃住问题需要尽快解决。报道者实施了间接言语行为，其次要言语行为是通过间接引用医生的话语，表明该事实客观，但主要言语行为是影响受众的思想和行为，呼吁受众伸出援助之手。在灾难报道中，报道者倾向于多采用间接言语行为向受众提出请求，通过呈现灾难报道相关信息，使受众在了解信息的同时，更容易接受报道者的意图。

4.5.4 结语

本文选取英语灾难新闻报道为语料，以语用学理论为指导，运用言语行为理论探讨了灾难新闻报道者的报道意向。灾难新闻报道者选择不同的语言手段传递出作者不同的意向，主要归纳为三类，即通过灾难新闻报道传递灾难事件信息，表达报道者的内心情感状态和影响受众思想行为，引导受众行动。本研究有助于新闻媒体工作者等更加有效地进行新闻报道，同时引导读者或者受众能够全面准确地把握新闻话语。

5　语用学理论应用于红色歌谣分析

5.1　红色歌谣概述

红色歌谣被认为是革命文化的重要组成部分，它反映了革命根据地的革命历程、革命文化以及人民群众的精神状态和真实情感。江西是红色革命的根据地，因此成为大量革命民谣的发源地。红色歌谣主要为革命工作服务，在语言上简洁朴素、内容积极、革命热情高涨，形式上讲究押韵，传唱起来朗朗上口。在特殊的革命战争时期，红色歌谣在宣传革命、团结群众、宣泄情感、凝聚民心、对抗敌军等多方面发挥了重要作用。它是革命时期形成的优秀传统文化的一部分，反映了中国共产党人的高贵品质与优良作风，也因此成为宝贵的教育资源。通过对红色歌谣的研究，有利于了解中国共产党领导下的革命根据地人民进行无产阶级革命斗争的历程，学习与传承优良的革命传统和宝贵的革命精神品格。

5.2　红色歌谣研究综述

红色歌谣由人民集体创作，以口头传唱的形式流传，用于革命道理的宣传，动员广大人民群众参加斗争，“在苏区的革命和建设中曾发挥过巨大作用”。

目前，红色歌谣研究集中于歌谣的历史发展、歌谣文化的传承、发展与创新，歌谣与红色文化教育、文化传播等领域，如从历史发展视角，探寻红色歌谣的兴起缘由、发展和传播。从文化传播视角，分析红色歌谣在文化教育与文化价值体系中的重要作用，如顾楠华从传播学视角分析红色歌谣，探讨其传播过程、效果及其实现的宣传、教育功能。就传播者与受众而言，红色歌谣中的意义解读偏差较小。从红色歌谣内容来看，红色歌谣的词曲高度贴近军民生活。就传播媒介而言，红色歌谣主要以人际、组织传播，传唱度高，且情感饱满。黄景春回顾了湘鄂西地区红色歌谣的历史，并指出搜集与编创红色歌谣的重要价值。周利生、王钰鑫提出充分发挥红色歌谣在动员群众、价值引领等方面的作用，挖掘成功经验，在新时代背景下将其进行创新转化，成为培育社会正能量的重要途径。

刘小兰指出红色歌谣是宝贵的爱国主义教育与音乐学习资源，但人们对红色歌谣价值的认识还不够充分。研究总结了红色歌谣的历史发展、时代特征、艺术特点，分析红色歌谣作为音乐资源在德育和艺术方面的价值。冯军成等提出红色歌谣在中学生审美素养培育过程中解决学生的认知问题、互动问题、功能问题、追求问题方面的优势，在教学和促进学生全面发展中的重要意义。综上所述，目前从语言学视角分析红色歌谣的研究还较为少见，仅有的少数研究主要探讨的是词汇、修辞特点方面。本章节主要考察赣南苏区的红色歌谣，从语用学视角探讨其词曲内容及其实现的语用功能。

刘云的研究表明，苏区革命音乐活动主要是指从1927～1934年这一时间段，地点主要是以瑞金为中心的赣南、闽西及湘鄂赣一带。根据这一界定，赣南苏区红色歌谣指的是1927～1934年在以瑞金为中心的中央苏区革命根据地传播的歌谣。

以下研究的语料主要来自《红色歌谣》(上册)，全书共收集歌谣487首，是由中国作家协会江西分会精心搜集整理而成。根据该部《红色歌谣》中的介绍，红色歌谣主要分为七个类别。第一类为“红军谣”，其中包括工农红军的战斗歌曲；第二类是“送郎当红军”；第三类主要以团结闹革命、紧跟共产党等为主题；第四类围绕的是社会黑暗、人民疾苦等主题；第五类是“苏区妇女谣”；第六类是“红色童谣”；第七类是“苏区好”。另有部分语料来自网络。

5.3　红色歌谣的言语行为分析

本节在言语行为理论框架下探讨红色歌谣的话语形式及其实现的语用功能，此外还分析了间接言语行为在红色歌谣中的使用，旨在帮助人们对红色歌谣形成更为深刻的认识，达到合理恰当地进行言语交流的目的。

5.3.1　红色歌谣中的言语行为分类

奥斯汀指出说话即做事，语言学研究应该关注交际中的词语与句子所完成的行为。根据奥斯汀观点，言语行为分为言内行为、言外行为和言后行为。美国哲学家塞尔在奥斯汀的基础上对言语行为理论作了进一步发展，将“言外行为”划分为五大类，分别为：断言类行为、指令类行为、承诺类行为、表达类行为、宣告类行为。我们将其应用于对红色歌谣的分析，发现红色歌谣言语行为也可分为这五类，其中最多的为断言类行为、表达类行为，较少的为宣告类行为。具体举例分析如下。

5.3.1.1　断言类行为

断言类行为主要为说话人通过命题性的语言表达自己所相信的事情，主要包括描述、陈述、告知等行为。在红色歌谣中，断言类言语行为的使用极为普遍。

例1《工农痛苦实在深》

工农痛苦实在深，
资本家剥削，
豪绅皆欺凌。

国民党、改组派，
面目更凶狞，
压迫复屠杀，
残忍虎狼心。
走狗取消派，
阻止我斗争。
可怜工夫求生不得，
求死不能。

（选自“工农痛苦实在深”，《中红网》，2012年6月27日）

例2 《“八一”歌》
今天是国际赤色日，
反对帝国主义大战，
今天是国际赤色日，
要武装保卫苏联。
今天是红军纪念日，
南昌暴动红军萌芽，
今天是红军纪念日，
红军胜利万万岁。

1914年8月1日德奥两国正式向帝俄宣战，世界大战爆发，所以“八一”这一天，又是反对帝国主义大战的日子。

（选自《红色歌谣》(上册)，1959：6）

例3 《哭连连来笑连连》
哭连连来笑连连，
说起一九二七年，
哭连连来笑连连。
正月里来就过荒，
老天爷故意来作干；
二月来了叶将军，
三月江西得太平；
四月蒋贼大屠杀，
五月共产党遭难星；
六月早禾不过镰，
七月汪精卫又叛变；
八月朱德起了义，
九月毛泽东建立了根据地；

十月红军打过来，
十一月打倒土豪分田地；
十二月欢欢喜喜过新年，
家家户户闹翻天。

（选自《红色歌谣》，2007：1）

例 1 描述了革命时期人民群众的现实状况，资本家的剥削，豪绅的欺凌，国民党、改组派等组织的残酷行径，使得劳动人民饥寒交迫、无法生存。例 2《“八一”歌》旨在告知与提醒听话人“八一”这一特殊的日子。在例 3 这首歌谣中，信息传递者陈述了 1927 年的曲折斗争历程。

5.3.1.2　指令类行为

塞尔根据四个条件区分指令类言语行为：一是前提条件，即听话人有能力实施某一行为；二是真诚条件，即说话人要听话人实施某一行为；三是命题内容条件，即说话人断言听话人未来的某一行为；四是实质（基本）条件，即说话人让听话人实施某一行为的企图。

指令类行为一般包括邀请、命令、请求、建议、劝告、禁止、吩咐等。红色歌谣是革命时期发出指令、提出请求、进行劝导或教化的重要手段。在红色歌谣中，指令类言语行为使用广泛，但指令的力度有所不同。如：

例 4 《送郎当红军》

送郎当红军，
革命要认清，
豪绅和地主，
剥削我穷人。

送郎当红军，
坚决打敌人，
消灭反动派，
在家有田分。

送郎当红军，
切莫想家庭，
家中的事务，
妹妹会小心。

送郎当红军，

纪律要严明，
军阀国民党，
打倒不留情。

送郎当红军，
努力去革命，
勇敢上前线，
都是为穷人。

送郎当红军，
亲郎慢慢行，
革命得胜利，
大家都欢迎。

送郎当红军，
道理要认清，
反动派宣传，
亲郎切莫信。

（选自《红色歌谣》，2007：77）

在《送郎当红军》这首歌谣中，歌谣信息的传递者直接实施了指令类言语行为，要求“郎”在去当红军的路上，一定要认清革命形势、坚定打败敌人的决心，要严守纪律，对待军阀国民党要毫不留情，要努力革命、勇敢上前线，认清革命道理、切莫相信反动派宣传等。可见该指令类言语行为主要为命令式的教导。鉴于信息传递与接收双方的关系较为亲密、特定时期下的严峻环境，且指令内容为有益于听话人的教导式话语，其语言表达体现出的礼貌等级较低、指令性较强，但在此场合中也更为有效。

例 5 《红军歌》其一

同志们快来拿起枪，
我们是工农的武装；
要打倒帝国主义国民党，
要创造人民的新世界。
敌人在发抖了，
奋勇的向前冲！
我们是无敌的红军，
拼热血头颅，

把革命完成，
这是我们神圣的战争。

（选自《红色歌谣》(上册)，1959：8）

在例5这首歌谣中，歌谣信息的传递者同样在多处实施了指令类言语行为，使用“同志们”这一亲切的称谓，反映出说话人与受众之间的平等关系，缩短了双方之间的距离，建立和谐的人际关系，为人际互动打下基础。这类指令性言语行为既未威胁到听话人的面子也未体现出十分客套般的礼貌，该指令或者称为请求，其力度中等，旨在呼吁同伴们拿起枪即刻行动起来，去创造新世界，早一天完成革命事业，言辞恳切、坚决，且让人心生无限希望，从而促进人们的沟通，达到良好的交际效果。

例6　《红旗歌》
民众的旗帜就是红旗，
它象征着牺牲战士鲜红的血液，
高举起来，
我们的红旗，
在红旗下面奋斗到底。
贪生畏死徒，
赶快滚开吧！
我们要死守着这个红旗，
到革命胜利！

（选自《红色歌谣》(上册)，1959：15）

在《红旗歌》中，歌谣信息传递者发出的指令非常坚决强硬，如果违背说话人的意图做事，那么听话人的利益将受到损害，而利益受损害尤其是受到大的损害是人际交往中会极力避免的事情，因此这一指令的语力非常强，表达出对“贪生畏死徒”不利的言语行为。这也是因为信息传递者，即“在红旗下面奋斗到底”的人与信息接收者“贪生畏死徒”之间的关系，以及当时社会环境、双方的价值观等主客观因素，说话人并未考虑听话人的面子损害程度、是否容易接受等去采用缓和的语气显得礼貌，更未考虑维护双方的人际关系，该歌谣体现出的礼貌程度极低，指令力度非常强，也因此对听话人造成的损失程度极大，从而达到实施指令类言语行为的效果。

5.3.1.3　承诺类行为

根据塞尔提出的言语行为“适切条件”，承诺类言语行为的适切条件为：一是命题内容条件，即说话人所提的行为是说话人将要实施的行为；二是准备条件，即说话人相信自己要实施的行为符合听话人利益，但在正常的事件过程中，他通常不会实施该行为；三是真诚条件，即说话人真诚地想要实施这一行为；四是根本条件，即说话人认为他所说出的话语会使他承担实施某一行为的义务。承诺类言语行为主要包括答应、应允、打赌、保证、发誓等，如：

例 7 《红军歌》其二

明媚的月亮。
月亮，月亮，
月亮她记得，
照过鲜红的旗帜，
照过美丽的田园，
也照过红军威严的武器。
红军是工农的，
消灭反动势力。
我们都有田地分，
都有房子住，
革命成功，
幸福享不尽。
奋斗！奋斗！
勇敢的红军！
勇敢的红军！
勇敢杀向前。

（选自《红色歌谣》(上册)，1959：9-10）

这首歌谣展现了“都有田地分、都有房子住、革命成功、幸福享不尽”的画面，可以看出这是对红军抗击敌军的一种鼓励和胜利后的一份承诺，为红军努力消灭反动势力提供了巨大的精神动力。

5.3.1.4 表达类行为

表达类行为主要指说话人对强烈情感的表达。如：

例 8 《只有跟着共产党》

地主收租骑驴马，
身穿纺绸香云纱。
带穷人后面推车，
咳哟咳哟我穷人受压迫。
自从来了共产党，
穷人翻身把家当，
再不受地主压迫，

咳哟咳哟好比是见太阳。

（选自《红色歌谣》，2007：167）

该歌谣通过描述革命斗争的曲折历程，最终的目的在于表达感谢，实施感谢言语行为，感谢中国共产党的领导，人民群众获得解放，翻身成为社会生活的主人。

例9 《苏区干部十带头》

苏区干部好榜样，十个带头不能忘！
第一带头学习好，政治军事第一桩；
第二带头守纪律，党的机密记心中；
第三带头支红军，参军参战上前方；
第四带头搞生产，既办款来又筹粮；
第五带头勤杂务，窗前屋后两面光；
第六带头买公债，苏区建设添力量；
第七带头行节约，一粥一饭细思量；
第八带头优红属，生老病死有人帮；
第九带头慰英雄，光荣红花带胸上；
第十带头树新风，嫁女娶亲唔排场。
干部个个好带头，苏区处处喜洋洋。

（选自“苏区干部十带头”，《中红网》，2012年6月27日）

在该首歌谣中，信息传递者通过陈述苏区干部的行为：带头学习政治军事、保守党的机密、积极上前线、帮忙搞生产、做杂务、建设苏区、勤俭节约、为群众服务、树立优良作风等方面，表达对苏区干部的称赞和肯定。

例10 《“八一”起义》

七月三十一，夜半闹嚷嚷，
手榴弹，机关枪，
其格格其格格响啊，
响到大天亮；
莫不是国民党又在兵变，
莫不是伤兵老爷又在闹城？
啊噢嘿！啊噢嘿！我想到就害怕。
“八一”大天亮，百姓早起床，
昨夜晚，机关枪，
其格格其格格响啊，
它是为哪桩？
原来是共产党武装起义，

原来是红带兵解决国民党，
嘻嘻哈！嘻哈！嘻哈！我快活笑嘻哈！
红旗一展亮四方，
"八一"起义在南昌，
扩大百军铁红军，
四方英雄会井冈。

（选自《红色歌谣》(上册)，1959：4-5)

该首歌谣《"八一"起义》表达出的是老百姓前期的内心恐惧以及南昌起义胜利后万分激动的心情。

5.3.1.5 宣告类行为

宣告类行为指说话人通过说话告知或宣布某件事。需要注意的是，只有在特定的语境下实施宣告才能够有效。在红色歌谣中，此类言语行为也极为普遍，如：

例 11 《中央政府驻瑞金》其一
红旗漫天放红光，
八一起义在南昌，
天空雷声霹雳响，
革命声音震四方，
四面八方来相会，
革命英雄合井冈。
毛主席，
朱总司令，
扩大百万铁红军，
中央政府驻瑞金，
土地革命闹洋洋。

（选自《红色歌谣》，2007：128)

红色歌谣《中央政府驻瑞金》实施了宣告类言语行为，向广大人民群众宣告的是1931年召开的会议及选举情况，同时也宣告了中华苏维埃共和国临时中央人民政府在瑞金成立的事实。

5.3.2 红色歌谣中的间接言语行为

间接言语行为指的是说话人实施一个言外行为，旨在间接地实施另一个言外行为。如：

例 12　《贺龙军》

睡到半夜深，
门口在过兵，
婆婆坐起来，
侧着耳朵听；
不要茶水喝，
又不喊百姓；
只听脚步响，
未听人作声；
你们不要怕，
这是贺龙军。
媳妇你起来，
门口点个灯，
照在大路上，
同志好行军。

（选自《红色歌谣》，2007：9）

在歌谣《贺龙军》中，信息传递者并未直接传递意图，通过描述红军的行为，如“不要茶水喝”等，描绘出一幅南昌起义部队军和谐行进，军纪严明、不扰民、爱民的美好宁静的画面，从而间接地表达出对红军的拥戴，使人对贺龙军感到亲切，属于间接言语行为。

例 13　《四方英雄会井冈》

四方英雄会井冈，
红旗一展亮四方，
八一起义在南昌；
扩大百万铁红军，
四方英雄会井冈。

（选自《红色歌谣》，2007：14）

《四方英雄会井冈》描述的是南昌起义军在朱德、陈毅等领导下发动湘南起义，并到井冈山与毛主席的革命军会师，形成“百万铁红军”的战斗集体。运用“英雄”“亮四方”“会井冈”这类词汇说明事件中的人物、时间和地点。通过这种陈述的方式歌颂红军不畏挫折、意志如铁的伟大革命精神。

例 14　《不想家》

炮火连天声音隆隆，
不离火线一分钟，
我们最光荣。

不请假来不呀回家，
有个老婆拖尾巴，
坚决不理她。
咿嘟呀嘟喂嘟喂，
坚决不理她。

（选自《红色歌谣》（上册），1959：14）

可以看出，间接言语行为有很多不同的表达方式，《不想家》看似是陈述和表达抱怨，实则是从侧面间接地表明全身心参加革命、斗争到底的坚决态度，从而实现间接言语行为的表达。

例 15 《红军纪律歌》
红军纪律最严明，
爱护老百姓，
到处受欢迎。
公买公卖不相欺，
保护小商人，
行动听命令，
决不胡乱行；
说话要和气，
开口不骂人，
无产阶级工农群众个个都欢迎。
红军纪律最严明，
出发与宿营，
样样都记清，
上门板，捆禾草，
房子扫干净；
借物要送还，
损坏要赔银；
大便找厕所，
不搜俘虏身，
三大纪律八项注意大家照此行。

（选自《红色歌谣》（上册），1959：24）

在《红军纪律歌》中，通过描述红军日常生活中种种细小的一举一动，来歌颂红军的纪律严明。可见，表面上是陈述言语行为，实则实施的是表达称赞类的间接言语行为。正确地把握间接言语行为，最重要的一点是语境。语境在前面的章节已有阐述，在此不做赘述。这部分主要是基于塞尔对言语行为理论的分类，分析红色歌谣中的言语行为种类和作用。还有一类情况相对较为复杂，为非规约性间接言语行为。总体而言，以上各类言语行为均频繁地出现在红色歌谣中，发挥出重要的语用价值，如宣传和动员群众能够加入革命队伍，扩大和巩固红色政权，歌颂红军的精神，为人民群众带来对生活和未来的希望。

5.4　红色歌谣的语用功能

红色歌谣中的语言对我们有着示范的作用，通常情况下，话语的质量直接影响交际效果。因此，根据言语行为理论，在特殊的革命时期，面对广大的人民群众，使用红色歌谣这类具有浓郁的地方特色，精练、朴实、简洁的民间话语形式，能够有效地实现以言行事。红色歌谣在革命时期具有宣传革命知识、动员群众、情感宣泄、社会教化、团聚人心的功能。

红色歌谣的内容积极向上，歌谣大量使用断言类言语行为，揭露社会中的腐败阴暗的一面，动员群众参加革命、摆脱封建束缚、翻身做社会的主人翁。在战争时期，歌谣是宣传革命知识的重要途径，通过红色歌谣的传唱可传播革命的火种，帮助群众普及知识，获得教育，提高政治觉悟。同时，人民群众还从歌谣陈述性的内容中学习到先进的个人事迹和优秀品质，培养爱国爱党的情怀，学习并发扬艰苦奋斗的作风，从而发挥出凝聚革命力量，保持革命队伍团结一心奋勇前进的作用。承诺类言语行为为人民群众描绘出未来的美好图景，从而为战争的胜利提供了强大的精神动力和坚定的必胜信念。指令类言语行为，在严明战争纪律、服务群众、动员群众参加革命等方面起到重要作用。就表达类言语行为而言，红色歌谣为群众在困苦时期，提供了情感宣泄的渠道，同时也处处体现出军民之间的密切联系和群众的感激之情。红色歌谣实施的宣告类言语行为，能够使群众及时了解到革命进程，熟悉战争时期的情况。

运用言语行为理论来分析红色歌谣语言的语用功能，可以帮助我们在新时代背景下，从红色歌谣中汲取营养，提高语用意识，调节和规范语言，注重语言使用的语境和语用功能，充分发挥红色歌谣在当今社会的正能量作用，培育新时代的革命精神，弘扬苏区传统文化和革命精神。

6 语用学理论应用于赣南采茶戏分析

6.1 赣南采茶戏概述

赣南采茶戏作为江西省南部地区本土的民间戏曲，至今已有几百年的悠久历史。赣南采茶戏起源于江西南部的信丰和安远等地区。这些地区均以茶叶产量丰富为特色，劳动人民到了采茶时节，纷纷出门采茶唱歌，由此产生了采茶时唱歌的传统，这类山歌也因此被称为采茶歌。在采茶歌的基础上，进一步融合民间灯彩艺术，发展至民间的戏曲，演绎人物发生的故事，进而称为采茶戏。赣南采茶戏形成以后，多与地方方言、曲调相结合，形成新的派别。总的来说，赣南采茶戏发展至今，经历了从采茶歌、茶篮灯至采茶戏这三个发展阶段。

赣南采茶戏因融合了民间歌舞、口头文学等特点，形式多样、语言诙谐幽默，从而独具一格，成为江西省地方戏曲文化的优秀代表。赣南采茶戏的曲牌丰富多样，根据史芳芳、吴恙君的观点，赣南采茶戏的曲牌多达300多首，常用的传统曲牌达到180多首，这些曲牌中有一些来自当地民歌，还有很多来自赣南以外地区，融合了南北曲目的风格。来自北方民歌的曲牌，如经典曲目《开四门》等，其风格粗犷；来自江南的曲牌，如《小花鼓》等，温婉而柔和；还有些来自少数民族的民歌，如《三句板》来自畲族民歌，使用较多的传统五声音阶等。可见，赣南采茶戏的来源极为丰富。

赣南采茶戏以歌舞表演的形式给大众营造出一种轻松活泼的氛围，使用风趣幽默的语言，将本地区的民间口头文学、民间歌舞等融为一体，生活气息极为浓厚，例如，《摘茶歌》《采茶歌》《采茶调》等主要反映老百姓一起采茶的活动，突出了当地的茶文化；《卖花线》《秧麦》《捡田螺》等反映出基层人民的日常劳动内容，表演的曲目大多为喜剧的形式。可见，采茶戏选用的题材大多围绕老百姓的日常生活中所发生的事件，但也有许多旨在表达爱情，如《毛洪记》等表达了凄美爱情的主题。因此，从曲牌名可见，赣南采茶戏真实地记录了赣南地区人民群众当时的日常生活实际情况、情感与思想态度等。

6.2 赣南采茶戏研究综述

本节通过搜索和选择《中国期刊全文数据库》中的所有期刊，获取文献研究的数据。借助计量学工具 CiteSpace，从论文发表数量、高产作者及机构、高频关键词等方面，对赣南采茶戏的主要研究主题及热点进行追踪。

首先，设置检索条件，以“赣南采茶戏”为主题，检索起始时间为“不限”，截止时间设置为2018年，检索所有期刊（时间为2018年11月1日）；然后，在检索到的论文中剔除无关主题的论文，共获得233篇有效论文数据。最早的一篇论文是1961年发表的，即研究数据的时间范围是1961～2018年。研究下载了相关文献的题录信息，保存为纯文本文件，绘制科学知识图谱，结合图表，对赣南采茶戏研究进行梳理，具体如图6-1和图6-2所示。

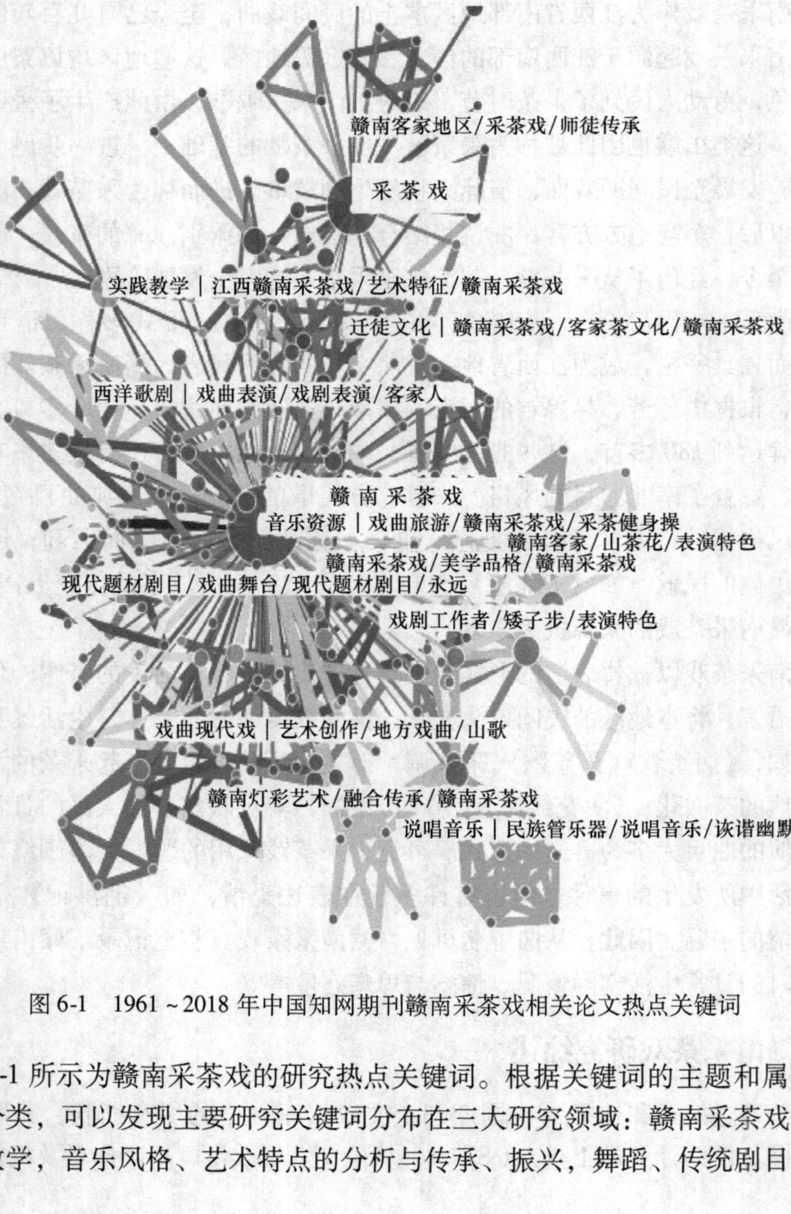

图6-1　1961～2018年中国知网期刊赣南采茶戏相关论文热点关键词

图6-1所示为赣南采茶戏的研究热点关键词。根据关键词的主题和属性进行分析和分类，可以发现主要研究关键词分布在三大研究领域：赣南采茶戏的推广与实践教学，音乐风格、艺术特点的分析与传承、振兴，舞蹈、传统剧目的影响

力分析。如李雪玲分析了采茶舞蹈中的动作形态及文化阐释，以拓展对采茶戏的认识。汪宇、蒋艳探讨了保护与传承赣南采茶戏的策略，即积极引入市场化机制，并与旅游文化、庙会文、城市文化等结合。肖艳平（2017）探讨了采茶戏和唢呐公婆吹传说结构，研究表明，两者均承负有客家族群的历史记忆。

运用 CiteSpace，进一步获得了发表论文数较多的作者和机构的科学知识图谱（图 6-2）。图 6-2 中的节点为发表论文数不少于 2 篇的作者或机构。科学知识图谱由线条将节点相连接。节点表示论文发表的学者或所在机构，其大小与字号大小成正比。节点间的连线代表他们之间的联系。从图中可以看出国内从事赣南采茶戏研究的主要学者有卢志苑、张宇俊、肖美娜、袁瑾等人。研究机构主要为赣南师范大学，尤其是赣南师范大学音乐学院，这几位学者或独立，或与他人合作，发表了多篇较高质量论文。

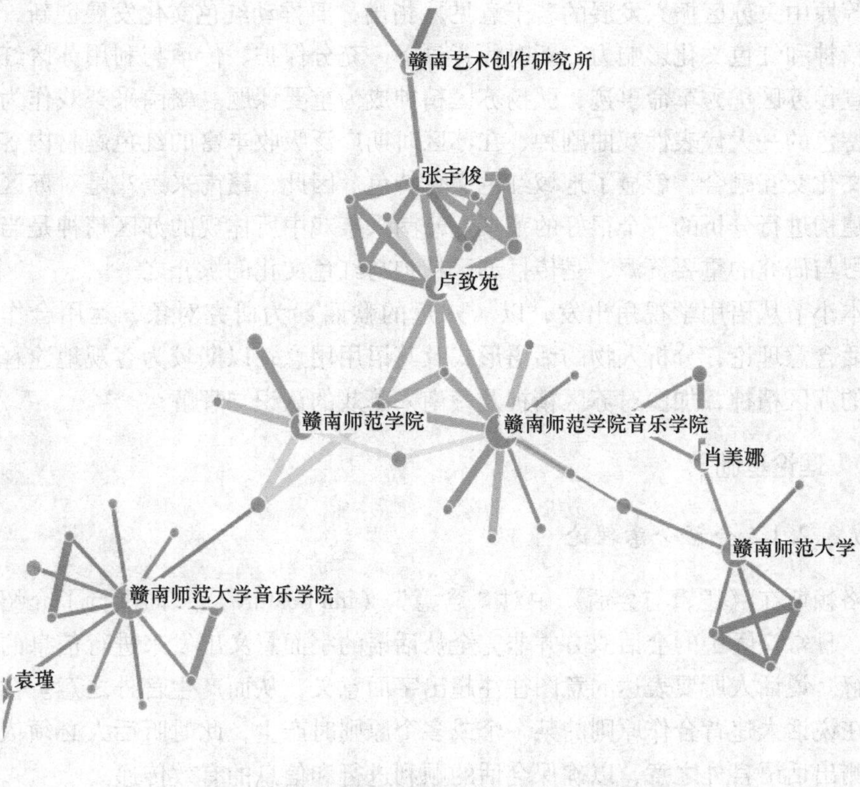

图 6-2 赣南采茶戏研究的主要学者及研究机构

综上所述，目前的相关研究从多个角度展开，研究成果丰硕。但就赣南采茶戏的语言学研究而言，研究层面仍受限，研究内容还可进一步扩充，赣南采茶戏的跨学科研究还有待进一步拓展。今后还可挖掘赣南采茶戏研究的应用价值，广泛开展跨学科研究。

6.3 赣南采茶戏的语用分析

该部分采用个案分析法，选取赣南采茶戏这一土生土长的戏曲剧种中的经典曲目《永远的歌谣》为研究对象，运用会话含意理论和合作原则，分析唱词中人物对话，分析特定时期社会成员在具体言语互动上的体现，解析其中包含的会话含意及其背后的语用意义。研究表明，从文化语境与话语关联的角度，可以窥视其中折射出的苏区精神。

6.3.1 引言

20 世纪 30 年代，在赣南等中央苏区革命根据地，中国共产党人领导苏区群众进行了一系列的革命斗争与实践，创造了伟大的苏区精神。《国务院关于支持赣南等原中央苏区振兴发展的若干意见》指出，要推动红色文化发展创新，提升苏区精神和红色文化影响力。新时代背景下，充分保护、传承与利用苏区红色资源，宣传苏区优秀革命事迹，弘扬苏区精神成为重要课题。赣南采茶戏作为赣南独具特色的一大代表性戏曲剧种，在苏区时期广泛吸收丰富的红色题材内容，与红色文化交互融合，彰显了地域红色文化特色。因此，赣南采茶戏是对苏区精神话语建构进行分析的一个很好的范本。赣南采茶戏中所体现的苏区精神是当代社会学习与研究的重要资源，是传播苏区精神与红色文化的媒介之一。

本小节从语用学视角出发，以《永远的歌谣》为研究对象，运用合作原则和会话含意理论，分析人物的话语形式及其语用用意，以期较为客观地诠释其中折射的苏区精神，加深对苏区精神及赣南采茶戏的认识与理解。

6.3.2 理论基础

6.3.2.1 会话含意理论

格赖斯在《逻辑与会话》中对“含意”（implicature）一词进行了介绍。他认为，日常交际中的会话双方并非完全从话语的字面意义出发来进行信息的传递和理解。说话人所要表达的意图往往超出字面意义，从而产生言外之意。会话含意是在说话人违背合作原则的某一个或多个原则时产生，此时听话人必须依靠语境推测出话语言外之意，以确保会话的顺利进行和信息的有效传递。

6.3.2.2 合作原则

在会话含意理论中，格赖斯提出合作原则。格赖斯认为在言语交际中，为了达到最有效交际的目的，双方遵循着一个底层（underlying）的原则，该原则支配着语言的使用，这就是合作原则，交际参与者为特定的交际目的，总是相互合作以促使交际朝着有意义的方向顺利进行。格赖斯将合作原则细分为九条准则（sub-maxim），并概括出四大类准则（maxim）：

（1）量准则（the maxim of quantity）。

1）所说的话应是会话所需要的信息；

2）所说的话不超出会话所需要的信息。

（2）质准则（the maxim of quality）。

1）不要说自知虚假的话或虚假的信息；

2）不要说缺乏证据的话。

（3）关系准则（the maxim of relation）。所说的话或信息要有关联。

（4）方式准则（the maxim of manner）。所说的话要意思清晰明了。

1）避免晦涩；

2）避免歧义；

3）要简洁（避免冗长）；

4）要有条理。

合作原则并非交际时必须遵守的语言规则，交际者可违反合作原则中的一个或者多个次准则，实现不同的交际目标。

6.3.3 合作原则视角下的赣南采茶戏

6.3.3.1 赣南采茶戏与《永远的歌谣》

赣南采茶戏是江西的传统戏曲，兴起于清代康乾时期，起源于民间灯彩和采茶歌舞，2006 年进入国家首批非物质文化遗产保护名录。作为一种地方戏曲形式，采茶戏演唱语言为当地客家方言，风趣幽默、通俗易懂、乡土气息浓厚，彰显了赣南地区独特的文化特色。同时赣南采茶戏影响着人们的思维方式、行为方式，深刻反映出苏区精神的本质和价值取向，是中国共产党开辟革命根据地、建立红色政权、进行革命斗争的重要见证，从中可见中国共产党进行的伟大探索与实践。

《永远的歌谣》是赣南采茶戏中的经典曲目之一。《永远的歌谣》以赣南采茶歌舞和广为流传且影响深远的歌谣《苏区干部好作风》为主线，以“借粮度荒”为主要事件，以苏区村干部“李龙槐”为中心人物，讲述 1931 年的夏季，赣南龙潭村村长李龙槐带领村民抵抗饥荒的感人事件。在特定的语境下，《永远的歌谣》中的人物对话并未完全遵守合作原则中的每条准则，而是处处出现明显违背合作原则的现象。为帮助群众度过危机，李龙槐想尽办法，甚至不惜舍己为民，展现出一名苏区村干部形象，深刻反映苏区精神内涵。本小节聚焦于整个事件中苏区精神如何通过话语互动得以体现。

6.3.3.2 合作原则的违反与苏区精神的体现

阳振乐、杨晓安概括出苏区精神的深刻内涵，并指出苏区精神内涵最核心的部分，在于它的伟大创造精神、奉献精神和斗争精神。李红喜也对苏区精神进行了总结，它是中国共产党人在土地革命战争时期的实践中造就的革命精神。研究出于具体分析需要，将苏区精神界定为20世纪30～40年代，以毛泽东主席为代表的中国共产党人带领苏区军民创造的一种革命精神，这种精神在苏区时期通过革命斗争等行动、言语互动得以展现。运用合作原则与会话含意理论，分析话语背后隐藏的苏区革命精神的实现途径。

A 量准则的违反

歌谣的背景是中央红军取得三次反“围剿”胜利，群众忙于支援前线，荒芜了耕地错过春播，深受夏荒威胁。此时前线战事紧、红军急需粮，要解决这一难题，龙潭村面临的当务之急是选出村长带领村民们战胜夏荒。选村长时的一段对话为：

村民们：今年的灯笼谁来掌？谁来掌？谁来掌？

某村民：我看还是……

村民们：哪个？

某村民：腊妹当。

……

腊妹：有个人选蛮相当。

村民们：快讲快讲你快讲。

腊妹：想都不用想。想都不用想。米桶哥最相当，……李龙槐就是米桶哥。

从该段对话来看，腊妹提出自己还在考察期，并非正式党员，不够资格，更重要的是她挑不起这个重担，她认为应当选李龙槐当村长。根据合作原则，她只需直接告知李龙槐是合适人选，即可结束会话。但腊妹却额外提供看似多余的信息——连说两次“想都不用想”，从而违反了量准则。生动反映出腊妹作为一名先进分子对李龙槐这一人选的肯定与信任，也从侧面反映出村长李龙槐难能可贵苏区干部特质。

B 质准则的违反

《永远的歌谣》中李龙槐多次违反合作原则中的质准则。例如：

李龙槐：我去一趟茅房。

开会在即，村民却见李龙槐拎着饭梢要走，便询问李龙槐去处，李龙槐说“去一趟茅房”，但从具体语境可见，他非常清楚要去的地方是“米缸如空碗，奄奄一息床上躺”的阿婆家。因此，他明显说了自知虚假的话，故意违反质准则。目的在于向乡亲们隐瞒自己的所作所为，不让民众担忧，从中可见一名苏区干部一心为民、默默无私奉献的苏区精神内核，此类话语成为苏区精神特质的集中体现。再如：

玉琴：吃饭。

李龙槐：吃饭，吃饭。（蹲在地上，作吃饭姿势）

玉琴：你怎么不吃饭呢？

李龙槐：你不是说最讨厌看我吃饭的样子呀。你回去吧，回去了我才好吃饭。

玉琴：那我回去了。

此时，李龙槐自身饥肠辘辘，却并没有吃玉琴送来的饭，而是敷衍玉琴装作吃饭状，将玉琴打发回去，随后将饭稍悄悄送至阿婆家。此处同样违反了合作原则中的质准则，体现出他不愿受“妻子”玉琴责备，让玉琴为己担心之情，反映出一名村干部心系群众的良苦用心。这种为民着想、心系群众、作风务实的精神折射出苏区精神一心为民的本质。作为一名苏区干部，立党为公，执政为民，为民众利益赴汤蹈火，哪怕牺牲生命也在所不惜。

C 关系准则的违反

《永远的歌谣》的人物会话中对关系准则的违反也很常见。例如：

玉琴：爹是爹来我是我。

村民：你们都是一路子。

龙槐：猪肉番薯要分开煮。

当村民质疑玉琴的父亲转移粮仓、不顾乡亲们的死活时，玉琴说她和她爹并非一路人，而村民坚持认为他们都不是好人。这时李龙槐作为村长，夹在中间，对“他们到底是不是一路人”并未直接给予评论，而是认为“猪肉番薯要分开煮”，违反了交际中的关系准则。但是，使用“猪肉”“番薯”这种看似不相关联的概念，实则是在说理。此处李龙槐有意通过隐喻的修辞手法传递了隐含意义，将他们父女二人分别比作“猪肉”和“番薯”，认为他们父女俩完全不是一路人，从而缓和了村民们对玉琴的反感情绪，缓解了现场尴尬的局面，化解了民众之间的矛盾。

D 方式准则的违反

根据合作原则，人们的言语交际应当清楚明白。但《永远的歌谣》中出现多处表达晦涩或不够简练的对话。例如：

腊妹：米桶哥最相当……李龙槐就是米桶哥。

村民：听得米字眼一亮，这个名字蛮吉祥。

此处听到腊妹推荐，村民并未第一时间进行肯定或询问米桶哥身份，而是认为这个名字好。从侧面说明村民对李龙槐深有好感，反映出群众对一名苏区村干部所怀有的美好希望与坚定信念。

李龙槐：鸡婆的老公都叫了。睡觉。

李龙槐和玉琴假成亲入洞房，众乡亲在外听房，玉琴本因一句气话阴差阳错成了亲，此时更觉不情愿，作势往外冲，李龙槐苦劝玉琴莫要出门反抗，言明自身乃君子，此举意在救玉琴。在讲事实摆道理后，玉琴似已理解，随后李龙槐让玉琴去睡觉，却先说了句："鸡婆的老公都叫了"，意思是"公鸡"打鸣了。他有意违反了方式准则，其言外之意是时间不早，但言辞间却充满幽默。在这种恶劣的环境下，他还能如此故作轻松打趣，不仅缓和了当时严肃紧张的氛围，同时也反映出李龙槐在困境下积极乐观的革命态度和坚定不移的革命信念。

6.3.4　结语

本小节运用会话含意理论和合作原则探讨赣南采茶戏经典曲目《永远的歌谣》中的苏区精神在具体言语互动上的体现。分析表明，赣南采茶戏中的人物在交际时多处出现对合作原则的违反，从而产生了特殊的语用意义，折射出苏区精神的本质。但需要注意的是，赣南采茶戏中语用含义的推导需要依赖当时具体的文化语境。

本书为赣南采茶戏和苏区精神的融合提供了不同的视角，有助于为赣南采茶戏和苏区精神的研究进一步拓宽思路。但值得研究之处还有很多，今后还应全面整理并充实话语语料，进行多视角、多侧面、跨学科研究，以期更好地促进赣南地方文化的传承，扩大苏区精神对我国精神文明建设的积极影响，提升红色文化与赣南采茶文化的影响力。

6.4　赣南采茶戏的文化语用分析

本节选取赣南采茶戏中《永远的歌谣》这一经典曲目为研究对象，分析唱词中的话语，探讨话语背后的文化语用意向，从文化语境与话语相关联的角度，解析采茶戏的主题与内涵。研究表明，赣南采茶戏反映了特定时期赣南苏区地方文化对苏区干部这一群体进行言语互动所设定的语用指导原则。该指导原则可归为两点——爱民、为民。这与我国传统价值观中的为官之道一致，同时符合汉语文化中"和"这一核心指导原则。

6.4.1　引言

目前，对赣南客家采茶戏的研究主要从音乐形态、舞蹈形态、文化传承、发展与创新等角度展开。就赣南采茶戏的语言学研究而言，相关内容还可以更丰富，方法还可以更多样化，视野还可以更开阔一些。赣南采茶戏《永远的歌谣》堪称经典，本书从语用学视角，以《永远的歌谣》这一经典曲目为研究对象，运用言语行为理论和文化语用学理论，将赣南采茶戏看作是演唱者向听众传递意向的载体，是演唱者向受众传递信息的话语行为，分析赣南采茶戏反映出的文化语境对于苏区干部言语互动的指导原则，以期较为客观地揭示隐藏在赣南采茶戏背后的文化语用意向。

6.4.2　理论概述

著名语言哲学家奥斯汀提出，人们进行言语交际的基本单位是言语行为（speech act）。一个完整的言语行为包括言内行为、言外行为和言后行为。言内行为指的是说出表达句子字面意义的话语；言外行为是指说出的话语要传递的隐含意向或意图；言后行为是说出话语后对听话者的影响或引起的行为变化。塞尔阐述了言语行为的原则和分类标准，并将言外行为分成五类：断言类行为、指示类行为、承诺类行为、表达类行为、宣告类行为。同时，塞尔提出间接言语行为理论。

根据文化语用学理论，话语具有文化属性。话语依赖所处的文化语境来获得文化意义、产生文化价值。要理解话语行为，就要深刻理解话语背后的文化语境和文化语用意向（cultural pragmatic intention）。文化语境设定包括信念系统、交际系统和语汇系统，本节主要分析的是文化语境对行为与互动模式的设定。

6.4.3　赣南采茶戏的文化语用分析

根据奥斯汀的观点，说话即做事。人们在说出一句话的同时是在实施言语行为。据此，赣南采茶戏可看作是一种言语行为。根据文化语用学理论，文化言语行为受到特定共同体的文化语用原则的指导。文化言语行为是一种受文化设定、承担具体文化功能的情景化日常言语行为。因此，赣南采茶戏可进一步看作是一种文化言语行为，该文化言语行为受到具体文化语境的规约和指导。因此，基于赣南采茶戏的文本分析，可以反映出长期生活在一起的赣南苏区干部和民众在抗战时期的生存状态和他们所共享着的一套价值观和信念。

《永远的歌谣》中，前线战事紧，红军急需粮，歌谣以“借粮度荒”为主要事件，以苏区村干部“李龙槐”为中心人物，叙述了在1931年，苏区兴国县龙潭村的村长与村民们齐心协力对抗饥荒的一个感人至深的故事。而联系到汉语文化以“和”为其主要的核心指导原则，所谓“以和为贵”“地利不如人和”。当“和”这一核心原则投射到这一具体情境——抗战时期的苏区干部的言语交际时，便产生出情景化的文化语用原则。《永远的歌谣》中反映的文化对苏区干部言语互动设定的语用原则可概括为“爱民”和“为民”。

6.4.3.1　爱民

《永远的歌谣》中，红军已获三次反“围剿”胜利，群众忙于配合红军反

"围剿"而错过了春播，荒芜了耕地，此刻深受严峻的夏荒威胁。从李龙槐的言行中可以反映出文化语境对于苏区干部设定的"爱民"这一具体指导原则。如：

例 1　李龙槐："我不饿，你吃吧"。

见到年迈的烈属大娘家中无米，忍饥挨饿，李龙槐将自己饭梢里的饭给了大娘，并说出"我不饿，你吃吧"。从该话语所表达的言内行为来看，李龙槐的肚子不饿，而且吃得很好。

例 2　李龙槐："我去一趟茅房。"

在开会前，村民问他提着饭梢去哪里时，他答曰"去一趟茅房"，而事实上是去了饥肠辘辘的烈属大娘的家中。

例 3　李龙槐："上面铺着一层饭，埋着番薯味道香，下面还有一块腊肉垫。"

"去一趟茅房"回来后，他仍然提着饭梢，并向村民描述自己的饭梢里"上面铺着一层饭，埋着番薯味道香，下面还有一块腊肉垫"，却不让村民触碰自己的饭梢一探究竟。在随后的具体情境中，他"晕倒了，面无血色冒冷汗，勒成了一个黄蜂腰"，当村民们打开他的饭梢时发现里面装的是沉沉的沙子。由此可见，他多次说出不符合实际的话语，有意违反格赖斯提出的合作原则中质准则："不说自知虚假的话"，从而产生了言外之意，其意向在于安慰村民，爱护村民，传递出一名村干部在困难时期的责任和担当，为民排忧解难的义不容辞的职责与使命，充分体现了苏区干部的爱民精神。这也与中国传统文化中的为官的价值观一致，所谓"得众则得国，失众则失国""得民心者得天下""政之所兴，在顺民心；政之所废，在逆民心"，在赣南苏区干部的心中，亲民、爱民、得民心应当放在第一位。

6.4.3.2　为民

《永远的歌谣》以一首在土地革命时期产生重大影响的经典红色歌谣"苏区干部好作风"贯穿全戏，诠释了一位胸怀恩情、大爱，充满人格魅力的苏区干部的责任与担当。

例 4　村民："苏区（格）干部（是）好作风，（里格）自带干粮（格）去办（呀格）公。日着（格只）草鞋来干革命（哪）同志（格）夜走（格只）山路打灯（呢啊格）笼。"

这首红色歌谣为群众编唱歌颂苏区干部精神，唱词中具有浓厚地方特色的语气助词。它描述了苏区村干部"心中为念农桑苦，耳里如闻饥冻声"，为民着想，解决群众困难。

例 5　村民："前年选的是李书记，他支援前线受了伤。"

从村民的话语中，可见"李书记"这名村干部主动上前线，以实际行动支持红军反“围剿”，保护民众，奉献自我。

例6 李龙槐：“吃不得”“吃不得”……

村民们遭遇严重夏荒，“鸿雁于飞，哀鸣嗷嗷”，生存条件极其恶劣。在困难面前，村长李龙槐使用了三大策略：一是匀粮，二是捐粮，三是借粮。就在他想方设法去向地主岳父借粮时，他已饥肠雷动，却只身闯入马府，不料又遭到四名家丁的鞭笞摧残。在面对地主的酒肉招待时，他饥火烧肠却强忍绝食，连说数句“吃不得”。从言内行为来看，这句句“吃不得”是指这些食物不能吃，而其言外行为却是表达出他心念乡亲，“忘己爱苍生”。最终，凭借智慧和信念使得地主同意借三十担粮，帮助全村人顺利度过夏荒。此时，李龙槐却因数日来的饥饿和折磨而殚精竭虑，献出了年轻而宝贵的生命。

由此可见，作为一名苏区干部，李龙槐坚持维护人民群众的利益。因此，文化对苏区干部进行言语互动的指导原则为：“情为民所系”，一心为民，赴汤蹈火，哪怕牺牲生命也在所不惜。

6.4.4 结语

通过分析采茶戏话语，联系相关历史背景，运用言语行为、文化语用学理论，从赣南采茶戏作为文化言语行为的视角出发，探究出抗战时期苏区文化对于苏区干部言语互动所设定的语用指导原则为“爱民”“为民”。在苏区抗战时期的具体文化语境中，苏区干部“衙斋卧听萧萧竹，疑是民间疾苦声”，甘当人民公仆，体现出他们全心全意爱民、为民的朴素情怀。基于文化语用学的分析，为赣南采茶戏的研究提供了不同的视角，有助于为赣南采茶戏乃至戏曲文化的研究拓宽思路。

苏区干部这一特定群体的文化互动设定，对于赣南采茶戏的其他方面，值得研究的还有很多，今后还应全面地整理并充实话语语料，进行多视角、多侧面分析，以期更好地促进赣南客家方言的传播与民间文化的传承，确保革命传统和优良作风薪火相传，加深对赣南戏曲文化的理解与认识，扩大苏区精神对我国精神文明建设的影响。

7 语用学理论应用于文学话语分析

7.1 文学语用学概述

随着文学和语用学的不断发展与融合，文学语用学研究显露出旺盛势头。1988 年，文学语用学研讨会在芬兰的埃博学术大学首次成功召开。1991 年，D. Sell 在总部位于伦敦的劳特利奇（Routledge）出版社出版了《文学语用学》论文集，该论文集的出版开创了从口语到书面语的语用学研究新局面，尤其是文学作品的语用学研究，此后“文学语用学”的研究逐渐进入国际学术视野。

1995 年，《语用学》杂志发行了一期关于隐喻这一主题的文学语用学研究专号（第 24 卷，579-716 页）。随后，文学语用学研究的专著相继出版，包括 Fludernik 所著的《语言虚构的世界和小说的语言：言谈与意识的语言表征》（*The Fiction of Language and the Languages of Fiction*：*The linguistic representation of speech and consciousness*）、《“自然”叙事学》（*Towards a "Natural" Narratology*）、Mey 的《众声的冲突：文学语用学研究》（*When Voices Clash*：*A study in literary pragmatics*）、封宗信的《文学语篇的语用文体学研究》等，此后，文学语篇或文学话语被正式纳入语用学的研究范围。经过不断发展，文学语用学将书面语作为研究对象，拓宽了语用学与文学的研究视野，引起了国内外学者的广泛关注。

什么是“文学语用学”？文学语用学是指语用学和各种语言、文学方法的结合。另一个重要的概念是“互动性（interactivity）”，即读者和作者之间为创造和讲述一个成功的故事而进行积极合作。这不仅仅涉及互动：积极参与的伙伴之间的关系是辩证的。而且意味着作者与读者都不能声称独自拥有或支配文本，相反，文本是作者和读者共同创造的产物。在这方面，“方向标示（signposting）”的语言技巧与“声音（voice）”等其他语用概念同样重要。此外，正确的标示和声音依赖于（格赖斯）会话含意及其可能的违反（flouting）等语用技巧。在极端情况下，声音可能发生冲突，合作将会结束。因此，文学语用学合作成功的一个基本条件体现在“人际参与（human engagement）”这一维度上。

Mey（1999：12）在其著作中提出：

"Literary pragmatics studies the kind of effects that authors, as text producers, set out to obtain, using the resources of language in their efforts to establish a 'working co-operation' with their audiences, the consumers of the texts. Such efforts rely on a precise understanding of the conditions of use of those resources, when directed at a particular audience among the consumers of the literary work."

他认为文学语用学是要研究作者作为文本生产者，利用语言资源，努力与受众（即文本的消费者），建立起一种合作关系所取得的效果。这种努力需要基于准确地把握这些资源的使用条件，当这些资源面向文学作品的受众中的某个特殊的消费者时，这些语用效果不能依赖于单独的语言因素，除了这些语言技巧之外，还需要对所有语境因素进行详尽的挖掘，语境因素决定了这些语言成分的使用。

文学语用学作为一门将文学和语用学相结合的交叉学科，既不是以文学文本为例的语用研究，也并非运用语用学的理论从事文学研究，而是将这两种学科理论相结合，关注文学语言体系，分析文学文本的社会意义、产出与解读的心理及机制等。文学语用学研究在揭示文学作品中语言的输出和输入过程中，将作者与读者、文本与现实世界等视为一个统一体，运用认知科学和功能语言学等理论，在具体的社会文化背景下解读文本话语意义，从而寻找具有普遍解释力的文学话语系统内的原则和系统外的影响因素。

在文学语用学研究中，文学作品中的话语被视为社会话语，文学文本的书写与阅读过程是一个互动的交流过程。尽管文学交际不同于面对面的共时的交际，但文学话语的交流就像所有其他交流一样，与交际活动的特定社会文化场景有着千丝万缕的联系。文学语用学本质上来看，属于文学与语言学的协同发展。文学语用学聚焦的是文学语篇，通过文学语篇，作者与读者进行交流，与其他类别的交际本质是相通的。对文学作品的语用研究表明，文学语篇有时是不完整的，需要读者在阅读时理解和补充。在读者基于文本的再创造过程中，语篇效果既不在于话语本身，也不在于读者本身，而是在读者和作者之间的互动中。

因此，可以说，不但可以利用话语分析和语用学来研究文学作品的语言特征、体裁特点，还能够在分析作品人物形象塑造、情节发展、主题彰显方面发挥作用，通过人物的话语分析和语用语用分析，进一步理解作品主题，增强作者和不同文化背景下读者的互动。

语用学是对语言使用的研究，而文学语言属于语言的一个类别，因此，语用学的理论、原则也适用于对文学话语的分析。但文学语言具有其自身的语言特点。随着文学语用学研究的不断发展，越来越多的学者不仅关注文学现象，还开始越来越多地关注文学文本之外的意义，将作者和读者视为认知主体，并将文学话语同样视为言语行为，作者与读者共同完成言语互动。目前运用文学语用学理论进行研究，成果较多的主要是对文学作品的分析以及对文化语用学理论与研究范式的完善。

7.2 文学话语的语用研究综述

目前从语用学视角所分析的文学作品，种类丰富多样，如陈海庆运用言语行为理论探讨了文学话语中的语用现象。他根据 Iser、Levin、Ohamann 以及 Freund 等学者的研究文献，重新解释了奥斯汀的文学话语的“空洞性”和“依赖性”观点。他认为文学话语虽然不像日常会话那样，说话人与听话人能够面对面地传递信息、表达意图、给予反馈或作出行动的反应，但文学话语也属于一种特殊的话语形式和言语互动。文学语言与其他日常话语一样，也同时具有以言指事、以言行事和以言取效的功能。文学语篇在以言取效层面上，尤其值得深入探索。同时，在讨论文学语篇的互动时，应当注意读者的积极理解与反应。文学话语的互动性是传达作者意图或目的以及读者的积极理解、补充和反应的过程，是以言取效的表现形式。换言之，这种基于文学文本进行的互动是作者意图的潜在表达和信息的传递，以及读者的理解与反应。此外，他还探讨了语言风格与修辞手段在获得文学文本以言取效上的说服功能及意义。研究表明，为了成功实现文本（或作者）与读者之间的互动交流，重要的是作者是否可以有效地使用语言风格或修辞手段来说服受众或对受众具有一定的影响力。总的来说，语用学理论的引入为文学语篇的深入分析拓宽了视野。

荆兴梅、冯敬玉从语用学视角分析《爵士乐》，运用语用理论，来探讨文本的反侦探小说模式、文本的开放性结构和人物的主体性。在建构语篇意义的过程中，无论是遵循还是背离语用原则，都是不可缺少的写作策略和话语形式。研究表明，文学语言与自然语言在本质上相同，文学语言可以归入到语用学研究领域。运用语用学理论对小说《爵士乐》中的一系列后现代特征，如反侦探小说模式、开放性文本和主体性等进行分析就是很好的范例，从中能够得到很好的阐释。作者和读者通过文本相互交流。交流不断深入，情节逐层推进，主题不断突出，审美逐渐增强。有时完全遵守某些原则和对某些准则的背离都能出现想象不到的效果。

侯涛提出进行戏剧文本研究的多层级的语用分析框架。戏剧文学的语用学分析必须有两个研究角度：一是研究文本的语言结构与文本的使用者之间的关系；二是文本生产及解读的环境。他指出，作为一门理论性质的学科，戏剧文体学植根于文学语用的原理、理论，其目的是描述和解释戏剧文学的诗意效果。分析戏剧语言的语用策略，能够消除语境、语料范围的局限，从作者和读者两个方面，研究复杂的话语产生模式，还可以阐释作者和剧中角色及其他交际参与人在各类语境中以言行事的方式。研究表明，文化语用学视角下的戏剧语言分析，可以帮助我们窥视戏剧语言多层面、多层次、动态复杂的话语语用过程，有助于我们重新思考戏剧的价值，准确理解戏剧作家的创作风格。

王卫新从文学语用学视角考察了福尔斯短篇小说中盗贼和作家运用礼貌原则的情况。研究表明，作家作为“有面子需求的理智人”，运用的礼貌原则是保全自己的面子，避免盗贼对自身施加暴力行为，但盗贼的礼貌原则超出了威胁面子行为的限制，演变为控制他人的行为和粉饰暴力的工具。此外，作家在其第一人称叙述中也运用了盗贼风格的礼貌原则，达到了礼貌性地控制读者这一目的。

王卫新、朱静怡指出，时间概念是文学语用学中的核心概念之一。他们运用文化语用学理论与原则，分析了福尔斯的小说《丹尼尔·马丁》中的时态变化，特别是“说者现在与故事现在”的视角变化。研究表明，福尔斯在该部小说中成功地实现了小说中的人物——电影剧作家丹尼尔·马丁在精神上的过去与现在之间的切换，以及他从叙述到与读者交际的角色转型，从而增强了小说的人际意义。

王汶成进行了文学言语行为研究，旨在了解语言在文学交流中的作用以及如何使用语言做事。研究指出劝导言语行为存在于人类交际的很多个领域，它指的是说话人尝试说服并引导听话人实施某种行为。在文学话语中，劝导言语行为是间接实施的，需要通过“告知”“传情”等其他言语行为来实现，属于文学话语中最重要的一类言语行为。所有严肃的文学交流最终都需要通过实施劝导言语行为来履行其干预现实的社会使命。另有部分研究从文学语用角度探讨了《爱玛》《安娜贝尔·李》《花园茶会》等作品中的话语运用。

另一类研究主要关注文学语用研究中的理论特征与研究范式，如赵婉孜、刘风光指出语用学能够为文学作品研究提供有力的理论上的支撑。它将文学话语视为动态的话语过程，是作者、读者和语境之间相互作用的产物。该研究阐述和补充了以言取效行为的本质，并运用理论模式对诗歌进行了解读。该类研究拓宽了语用学和文学研究的视野。

涂靖总结了文学语用的理论框架、构建规则和学科特点，分析了文学语用理论体系及其性质，探讨了文学语用学应当具有的基本的理论框架。研究认为，文学语用学理论应当具有系统性、周密性、实用性、动态性和开放性这五个性质。文学语用理论需要在关注文学语篇的探索与实践的基础上，运用语用学研究的成果，系统性地阐释文学语篇具有的特质、种类、形式、风格及接受机制，从而实现文学语篇的跨学科研究，促进文学语用理论的完善和学科的建设。

王汶成、高岩认为分析文学语篇的语用特征指的是考察特殊的语用过程。他们认为所有话语包括文学话语都要表达出指示意义，而文学语篇的语用特征是“以审美的方式指示意义”，寻求指示意义和审美的统一。文学话语的独特在于，它是间接指示意义，运用各种语用手段在话语的能指与所指之间创造一定的鸿沟，从而产生语义模糊的效果。文学话语通过构建虚拟世界来点燃读者的想象力，从而改变旧的现实，创造新的现实。

王汶成指出，在近些年的文学话语分析中，将文学话语视作言语行为，已成为一个新的角度。根据言语行为理论，“以言行事”是所有话语的共同特性。因此，文学话语也属于话语的一种，能够作为言语行为加以研究。文学话语言语行为有“直接”和“间接”之分。直接的言语行为是“以美取悦”行为，而间接言语行为有“告知”“传情”“劝导”等多种言语行为类型。通过文学话语实现的言语行为，从本质上来说，同样具有对话性，只是它在某种会话关系中得到回应，才能发挥实际作用，实现对现实的介入和重建。

高群梳理了21世纪以来的中国“文学语用学”研究成果，探讨了此类研究的学术背景、研究的理论体系并运用该领域理论分析文本。研究表明，文学语用学研究同时开阔了语用学研究和文学研究的视野。

文学语用学作为整个语用学的一部分，关注的是从使用者视角看待文学活动。从使用者来看，语用学对文学研究具有什么样的贡献？巴赫金（Bakhtin）所指的“语言的对话”，即Mey所称的“声音（voice）”，是一种社会力量的对话，这种对话不仅在静态共存中被感知，而且是不同时代、不同时间的对话，是一种永远在消亡、活着与重生中循环的对话：共存和演变在这里融合成一个不可分割的、具体的统一体，这个统一体是矛盾的、多语言的和异质的。

在谈到文学语用学时，必须认识到语用学并没有从语言学的内部得到发展，而是起源于相关领域，如哲学、社会学和互动理论。同样，文学研究本身也没有“发现”语用学，与使用者相关的文本研究方法是由哲学家、文学领域学者和语用学者等同时发展起来的。这些努力旨在弄清楚一个事实，即语言并不总是服从语法学家；事实上，文本的语言结构在很多情况下，与文本的效果没有什么关系，而是与它能“做什么”，或者说一个文本是如何由使用者生产和消费有关。将语用学的定义“研究在人类交流中语言的使用，由社会状况决定”应用于文学传播，可以说，文学语用学关注的是在文本的社会生产和消费中的使用者所承担的角色。

7.3 文学话语中的拒绝策略分析[1]

该小节以巴基斯坦裔作家莫欣·哈米德近年出版的小说《穿过欲望之城》中的拒绝语为研究对象，探析拒绝言语行为的具体构成，尝试从语用的角度探讨它在表达过程中实现的语用功能，并分析其影响因素。研究发现，《穿过欲望之城》中绝大多数为间接拒绝策略。间接拒绝策略的选择与交际者之间关系亲疏并不直接相关，即关系亲密的交际者间也倾向于频繁使用间接拒绝策略。但策略的使用与权势地位及话题敏感程度较为直接相关，权势地位高的说话人选用策略时通常较为随意灵活。

7.3.1 引言

1955年，语言哲学家奥斯汀提出言语行为理论，至20世纪60年代，塞尔对

[1] 江西理工大学巴基斯坦研究中心项目（JD18-YB01）。

该理论进行了进一步修正与完善。其中言语中的拒绝（refusal）研究引起了广泛兴趣。对于非本族语者而言，如何实施拒绝是跨文化交际中值得思考的问题。从社会语言学视角来看，拒绝是一种极为有趣的现象，原因之一在于拒绝本身非常复杂；二是拒绝行为的语言形式和内容富于变化，取决于诱发拒绝的行为如邀请、请求、提议、建议等，以及交际者双方的社会地位。德米尔科（Demirkol）指出，实施拒绝言语行为很容易危及面子，即使在本族语互动中对听话人和话者都是一个挑战。因此，从跨文化视角来看，了解并掌握不同文化语境中的拒绝策略以及其影响因素，可为跨文化交际提供一定的参考。而已有的研究多以面子理论为框架探讨拒绝策略、拒绝表达模式差异和文化对拒绝策略的影响，对不同文化语境下拒绝言语行为的类型与功能还有待深入探索，它涉及诸多不同的语言形式与语用策略。基于此，本文以选取巴基斯坦裔作家莫欣·哈米德的小说《穿过欲望之城》中会话中的拒绝话语为分析对象，在语用学理论指导下，对不同类型的拒绝言语行为方式及策略进行解读，探讨交际中不同权势方选择的言语行为策略，所实现的语用功能以及其影响因素。

7.3.2 拒绝言语行为及拒绝策略分类

1955 年，语言哲学家奥斯汀在哈佛大学发表系列演讲，其学生于 1962 年根据奥斯汀的讲演笔记及听课笔记，整理出版题为《如何以言行事》一书，奥斯汀在书中提出言语行为理论。他提出“说话即做事”，主张从行为的视角研究语言使用。具体而言，“说话人只要说出了有意义、可为听话人理解的话语就可以说他实施了某个行为，这个行为称为做言语行为”。他运用抽象法，从一个言语行为中抽象出三类行为，即言内行为、言外行为和言后行为。“言内行为”指话语人运用话语表达字面意义的行为；“言外行为”指说话人通过字面意义表达其他意义的行为；“言后行为”指在言语行为过程中对听话人所产生的影响或效果，但该划分被普遍认为存在一定的缺陷。

Searle 从两方面进行了修正和完善。一是 Searle 确立了言语行为的分类标准，但在对待言外之力的本质问题上难以进行合理的解释。因此，Searle 完善言语行为理论的第二个方面体现在提出间接言语行为理论，从而回答了说话人与听话人是如何分别通过言内行为表达或理解说话人的言外意图的，最终为句子结构与其所表达的言外之力的关系提供了较为合理的解释。Searle 还将言语行为分为直接言语行为和间接言语行为。直接言语行为是指说话人在说出一句话的同时表达的是其字面意义，此时句子形式与所表达的功能一一对应；间接言语行为指的是说话人所传达的是字面意义之外的意义，句子的结构与功能也并非对应。此时，一个间接言语行为包含了两种言语行为，即主要（primary）言语行为和次要（secondary）言语行为。因此，间接言语行为是一种言外行为（主要言语行为）通过另一种言外行为（次要言语行为）来加以实现。Searle 还将间接言语行为进一步分为规约性间接言语行为和非规约性间接言语行为。两者的区别在于听话人是否能够通过一定的规约习惯来推断出说话人的言外之意，前者可通过一定的规约手段实现，而后者的推断更依赖于具体交际语境中的各项因素。虽然言语行为理论仍存在诸多争议之处，但毋庸置疑，该理论拓宽了语言研究的视野，为后续的言语行为研究提供了可行的框架和方法。

该部分以言语行为理论为指导，探讨小说人物会话中的拒绝言语行为。拒绝言语行为属于 Searle 对施为动词分类中的承诺类行为。根据 Chen 等人的观点，拒绝指的是交际者“舍弃从事对方所提出的行动”。拒绝行为发生在交际者直接或间接地对请求、邀请、主动提供或建议说“不”时。根据 Beebe 等人提出的拒绝言语行为分类，在拒绝主动提供、建议、邀请和请求的情况下，将拒绝分为直接拒绝策略、间接拒绝策略和拒绝附属语。直接拒绝是说话人借助“no”“cannot”等话语形式，利用字面意义违背对方提议；间接拒绝是指说话人用表达遗憾、给出理由等多种不同方式拒绝，即通过非话语字面意义而是其他言外行为实施拒绝；拒绝附属语指本身不实施拒绝，但能减轻对对方面子的威胁。拟回答两个问题：（1）从拒绝策略的选择看，小说中的不同权势方采取了何种拒绝策略；在拒绝策略的具体内容上呈现何种特点。（2）小说中反映出的拒绝策略的选择与交际者之间关系亲疏及地位高低有何种关联。

7.3.3　拒绝策略与《穿过欲望之城》中的拒绝语

小说家莫欣·哈米德（Mohsin Hamid）于 1971 年出生于巴基斯坦的拉合尔。《穿过欲望之城》(*How to Get Filthy Rich in Rising Asia*) 是莫欣·哈米德2017 年出版的一部新作，一经发行即获西方媒体高度评价，如《卫报》评价该小说“令人眩晕、令人上瘾”，《时代周刊》评论该小说“不可思议又感人至深”。莫欣·哈米德运用高超的写作技巧，叙述了一个美妙的故事，故事主要围绕一个来自偏僻村庄的男孩展开。男孩跟随父母由乡村搬到城市，人生观与价值观随之变化，将成为有钱人视为人生奋斗的终极目标，但最终意识到他真正渴望的不是财富而是爱。小说情节曲折紧凑、环环相扣、情感真挚，引发人们对生命意义的沉思，是一部难得的经典小说，对小说中人物会话的分析有助于窥视不同文化语境下话语与其背后的权势及亲疏关系等因素的相互作用，从而有助于了解不同民族的文化、人民的思维方式及人际关系的处理方式。

基于 Beebe 等人提出的拒绝策略进行分类，并在此基础上作了修改以归纳该小说中的拒绝策略类别，观察不同角色、权势地位、亲属关系下的说话人对拒绝策略的选择，并探讨人物之间的权势地位及亲疏关系对策略选择的影响。小说人物实施拒绝的策略包括：（1）直接拒绝，即直接使用否定词“不”（no）等。

(2) 间接拒绝：1) 给出理由、原因或解释。2) 试图劝阻对方：对请求者或请求提出批评。3) 发挥拒绝功能的接受：给出不具体或不确定的回答。4) 回避(言语方式)：①开玩笑；②重复请求中的部分言语；③推迟决定；④使用模糊语言。在拒绝时运用附加语的情况在小说中只出现一次，主要是使用了停顿填充语“well”。根据统计数据得出小说人物会话中出现拒绝言语行为的整体情况见表7-1。

表7-1 人物会话中拒绝策略使用整体分布

分类	人物关系	人物角色		影响因素组合	内 容	策略
		拒绝者	被拒绝者			
实施拒绝部分	恋人	女孩	男孩	权势强—关系一般	否定词+给出理由	直接
	夫妻	丈夫	妻子	权势平等—关系亲	给出理由	间接
	生意伙伴	客户	推销员(男孩)	权势强—关系一般	给出理由；批评	
	上下级	头目	下属(男孩)	权势强—关系一般	以调侃方式回避	
	陌生	保安	顾客(男孩)	权势平等—关系疏	不确定回复	
	上下级、亲戚	老板(男孩)	助理	权势强—关系亲	给出理由	
附加部分	恋人	男孩	女孩	权势弱—关系一般	停顿填充语	附属语

一是实施直接拒绝策略。小说主要围绕男主人公展开，所涉及的一系列的拒绝言语行为与男主人公相关，是他在不同身份角色下发生的，所涉及的交际者与男主人公双方之间的权势地位与亲疏关系各有不同。在该小说人物对话中，直接拒绝的方式可分为两类：一类为只使用否定词，另一类为使用否定词并给出理由。如下例所示：

(1) 只使用否定词。

例1 男孩：You can keep it. It's a gift.

女孩：I don't want gifts from you.

男孩：I'm sorry.

例2 推销员：It's not stolen.

客户：I'm not buying it.

推销员：Really, it's not stolen.

在例1中，女孩使用否定语言形式“I don't”实施直接拒绝，明确表达了不愿接受礼物之意。而在例2中，作为客户地位较高，拒绝显得直截了当。

(2) 使用否定词附加理由。

例3 男孩：That looks heavy. Can I help?

女孩：No. Anyway you're like me. Skinny.

男孩：I'm strong.

女孩：I didn't say we weren't strong.

例3对话中，当男孩主动提供帮助时，女孩使用了“No”这一明确拒绝的形式，但同时说明了拒绝帮助的理由，即她认为男孩和她一样瘦弱，所以不用他的帮助。因此，说话人在拒绝的同时能让听话人明白被拒绝的理由。

二是实施间接拒绝策略。为了降低冒犯他人的风险，人们通常选用比较礼貌委婉的方式拒绝他人。分析表明，小说中的人物频繁使用间接的方式拒绝对方的请求、提议、邀请等，并使用辅助性语言以减轻对被拒绝者面子的威胁。间接拒绝言语所使用的辅助性语言或内容主要有四类：给出理由、劝阻对方、推迟决定和回避。

(1) 给出理由策略。该策略在小说中使用得最为频繁。以下是不同语境下的间接拒绝。例4是夫妻之间的会话情形。男孩父母亲的这段对话，属多话轮互动，对话中出现了多次间接拒绝行为。

例4　母亲：Don't leave us here.

父亲：I can't afford to bring you to the city.

母亲：We could stay with you in the quarters.

父亲：I share my room with the driver. He's a…chain-smoking, …There are no families in the quarters.

母亲：You earn ten thousand now. You're not a poor man.

父亲：In the city ten thousand makes you a poor man.

在该对话中，男孩的母亲想让他的父亲带他们离开乡下，去城市生活。而他父亲的回应中并没有直接拒绝，而是列出多项理由，且列出的理由都是客观、外在的理由，以此说明并非主观不愿改变现状，而是外界条件所致，从而减少了对妻子面子的威胁，缓和了夫妻关系。可见，在该语境下，关系亲密的说话人之间，同样采用“给出理由”这种最常用的间接策略，向听话人表达他们实施拒绝是迫不得已的，给出不能遵守对方提议的原因，从而减轻了对听话人面子的威胁。在例5中男孩在面对自己爱慕的女孩时也选择了间接策略。

例5　女士：Do you have a phone?

男士：Yes.

女士：Give it to me.

男士：Well, the problem is it's from work…

女士：Don't worry. I'm not going to take it with me.

女士：Now I have your number.

拒绝本身或拒绝的表达方式会对人际关系造成一定的负面影响，尤其是面对一些敏感的关系时。例 5 为男孩与爱慕的女孩之间的一段对话。他们互相之间不是很熟悉，只见过几次面，关系并不亲密，在这样的关系中，男孩处于较为被动的地位，女孩占据上风，这从女孩直接的要求“Give it to me.”中可以看出。男孩在面对女孩询问他是否有手机、能否给她时有所犹豫，因手机是老板的。这时，他的回答是运用停顿填充语以便间接地说明情况，从而显示出自身的礼貌和非自己的主观不愿意，以获得对方的理解，避免给对方留下不好印象。

例 6 女孩：Come over.

男孩：Where?

女孩：Meet me on my roof.

男孩：Now?

女孩：Now.

男孩：Where is it?

女孩：You know where it is.

女孩提出约会邀请后，男孩询问女孩家庭地址，但女孩并未提供，而是使用陈述性话语表达客观事实——你知道地址。此处可见，使用给出理由这一策略更加简洁明了。这一点在男孩作为老板与助手之间也有所体现。如例 7 所示，人物是上下级关系，助理也是老板爱人的弟弟。

例 7 助理：It's true enough. Either we buy a competitor or we sell. Or we'll rot away.

老板：We're not putting ourselves up for sale.

助理：That's what you always say. So let's buy.

老板：We've never taken on that much debt.

在上下级等地位有差别的人物之间的对话中，使用间接拒绝行为给出理由，其用意在于促进双方进一步探讨，而在对话最后，老板最终无可奈何，但还是接受了提议。这就表明，在既不能表达接受，也未完全拒绝的情况下，使用陈述理由的间接拒绝策略更加方便、高效，可为进一步的商讨提供可能。

（2）“劝阻对方”策略是说话人对请求者或请求提出批评，试图使对方放弃请求。例 8 是男孩作为推销人员骑着摩托车背着背包来到客户店里，与客户的对话。

例 8 推销员：Really, it's not stolen.

客户：You think I'm deaf? He spits on the floor at your feet. Get out.

推销员：There's no reason for…

客户（大吼）：Get out, dirty pimp motherfucker. I know all about your scam, …

（3）发挥拒绝功能的接受策略：说话人给出不具体或不确定的回答。在例 9 中，作为这一高级豪华宾馆的保安，面对想要进入该宾馆的非该宾馆住宿人员，处于较高权势地位。对于男孩的请求，并未直接拒绝，而是首先使用疑问的语气

“You? Why?”对对方的提议提出质疑。

例 9　顾客：I want to go inside.

保安：You? Why?

顾客：I'm meeting someone for dinner.

保安：Really.

(4) 回避策略。主要是指使用言语方式开玩笑、重复请求中的部分言语、推迟是否接受请求的决定以及使用模糊语言等，如例 10 所示。

例 10　下属：I need money.

头目：That's a funny greeting, little brother.

从该例可见，当交际双方权势关系不平等时，拒绝方式较为随意，如使用调侃的方式挖苦对方，体现出说话人的主动地位。

7.3.4　结果分析与讨论

拒绝行为是威胁面子的行为，如何实施拒绝行为且兼顾人际关系的处理，在跨文化交际中对于非本族语者更具挑战性。Beebe 等人指出，拒绝的成功实施需要说话人具有较高的语用能力，拒绝的方式与内容会根据发话人的话语进行调整，并且需要考察交际中的社会语言学变量。

研究结果表明，小说人物在会话中采用了诸多不同的拒绝策略，话语形式简单与复杂兼有，其影响因素主要取决于交际者的权势地位、亲疏关系及涉及话题等，但影响程度似有不同。关系亲疏对拒绝策略的选择似乎没有直接绝对的关联，而与话题的敏感程度相关。

多数情况下，在敏感话题上，间接拒绝比直接拒绝更加简洁有效，且在关系亲密的交际者间，为获对方理解与支持，使用间接策略反倒是个更好的方式。这一点可在小说中夫妻的对话有所体现。丈夫面对妻子提议，并不因为双方关系的亲密而实施直接拒绝。在谈及搬迁、改善家庭生活这一敏感话题时，他选择使用间接拒绝策略，实施拒绝的同时不失礼貌，且传递出非自身主观不情愿这一信息，可见丈夫追求家庭和谐的心理特质。

由此可见，拒绝策略的选择似乎不与关系的亲疏程度直接相关，而是与话题的敏感程度有很大关联。在敏感话题上，即使双方关系亲密，也需使用间接拒绝策略以获得对方理解与支持，从而进一步维护相互之间亲密和谐的关系，这也是间接拒绝策略所发挥的一大重要语用功能。

权势地位关系对策略的选择有很大影响。作为权势地位低的一方，通常使用间接拒绝策略，而地位高的一方通常采用灵活的拒绝方式，取决于说话人是否需要对该议题进一步探讨、是否有进一步会话的意愿等。例如，小说中的恋人、推销员与客户、下属与所在组织头目，均存在不同程度的地位关系不平等。处于地位较低的一方均频繁采用间接拒绝，主要使用“给出理由”策略，不仅能够减轻对听话人面子的伤害，还比直接拒绝更让人获得理解，更加高效简洁。例如，男主人公面对爱慕的女孩时，采用间接拒绝言语行为附加陈述理由，这种缓和的方式可避免伤害对方的面子。

反之，拥有主动权的女孩对男孩的拒绝有直接拒绝与间接拒绝两种方式。同样，客户对推销员实施拒绝时，在间接拒绝无效的情况下运用直接拒绝，再到批评辱骂方式结束下的间接拒绝，以便快速结束对话。这也反映出人际交往中，对于拒绝的回应和后续的行为极为重要，无视别人的拒绝将招致对方毫无情面的直接拒绝，破坏人际关系和谐。小说中的下属与头目之间，头目采用了调侃形式的话语，并未表达出是否拒绝，体现出地位较高者灵活随意的姿态，进一步验证了地位高低对拒绝策略选择的影响和对人际关系和谐维护程度的差异。

因此，直接拒绝的话语形式不一定意味着不礼貌，间接拒绝也未必是出于礼貌的考虑。拒绝言语行为同其他言语行为一样，反映了根本的文化价值观。在言语交际互动中，语言实现的话语意义固然重要，但也应多加关注所实施的行为与目的。

总的来说，语用现象在人类语言交际中无处不在，学会从语用学的角度看待文学话语交际中的语用现象并进行深层次地思考与分析，有利于促进人们交际的顺利进行。

参考文献

[1] 鲍玲玲．浅析英语新闻在视听说教学中的作用——评《新闻英语视听说（第三版）》[J]．新闻爱好者，2017（11）：104.

[2] 蔡淦珍．赣南采茶戏对幼儿的发展价值及其创新策略［J］．学前教育研究，2013（8）：70-72.

[3] 蔡敏．从语气理论角度看大学英语教师课堂话语的人际和谐［J］．东南大学学报（哲学社会科学版），2015，17（S2）：154-157.

[4] 陈昌学．英语新闻在大学英语教学中的作用探究［J］．新闻战线，2015（2）：95-96.

[5] 陈海庆．文学语篇的语用学阐释：互动性及其取效行为［J］．外语教学，2009，30（1）：30-34.

[6] 陈曦．英语新闻在大学英语教学中的应用研究［J］．新闻战线，2014（10）：152-153.

[7] 程乐，陈程．基于语料库的外宣新闻话语效度研究——以 People's Daily Online 体裁分析为例［J］．浙江大学学报（人文社会科学版），2019，49（5）：81-96.

[8] 崔俊媛，徐广林．将英语新闻融入大学英语教学——评《高校英语语言实践活动设计》[J]．新闻与写作，2017（6）：117.

[9] 代丽丽．语用否定与拒绝义习语“美得 + X”［J］．汉语学报，2019（1）：31-39.

[10] 代尊峰．英语新闻语篇的分类批评分析［J］．外语教学，2013，34（5）：28-31.

[11] 董明．以“师说”促教学：英语课堂教师话语的会话分析与交互实践［J］．吉首大学学报（社会科学版），2018，39（S2）：226-230.

[12] 董明．微观语境下的英语课堂教师提问：基于 SETT 模型的会话分析［J］．外国语文，2019，35（4）：145-152.

[13] 董少华．网络英语新闻在大学英语教学中的应用［J］．新闻战线，2014（11）：179-180.

[14] 董小川，美国文化特点综论［J］．东北师大学报（哲学社会科学版），2002（4）：19.

[15] 董又能，王晶晶．英语新闻的批判性话语分析［J］．湖北大学学报（哲学社会科学版），2012，39（2）：133-136.

[16] 段丽娜．论《安娜贝尔·李》文学语用视角探析［J］．语文建设，2015（26）：75-76.

[17] 范瑜，王永祥．独白中的对话——论大学英语讲授教学中的对话性［J］．中国大学教学，2016（2）：54-59.

[18] 方慧佳．文学语用学视角下对《爱玛》中会话含义的解读［J］．语文建设，2013（35）：33-34.

[19] 封宗信．文学语篇的语用文体学研究［M］．北京：清华大学出版社，2002.

[20] 冯军成，陈春蕾，邬春红，等．红色歌谣之于中学生审美素养培育的优势——基于思想政治必修 3《文化生活》[J]．中学政治教学参考，2018（27）：55-57.

[21] 冯正斌，王峰．财经英语新闻语料库的建设构想与教学应用［J］．外语电化教学，2016（2）：54-58.

[22] 付习涛．言语行为理论研究综述［J］．求索，2004（6）：174-177.

[23] 高超．“APEC 蓝”英语新闻报道中的语法隐喻探究［J］．山东社会科学，2015（S2）：494-495.

[24] 高飞雁．新闻英语的语言特征与翻译研究——评《英语新闻的语言特点与翻译》［J］．新闻与写作，2018（4）：119.
[25] 高群．21世纪以来中国“文学语用学”及关联性研究［J］．福建师范大学学报（哲学社会科版），2016（2）：99-106.
[26] 顾楠华．中央苏区红色歌谣的传播与影响［J］．郑州大学学报（哲学社会科学版），2016，49（6）：144-148.
[27] 顾旸．相声小段集锦［M］．沈阳：春风文艺出版社，1984.
[28] 郭利．小学英语教师话语调查分析及优化策略［J］．教学与管理，2019（3）：32-35.
[29] 郭晓丽．英语新闻的特点与翻译——评《英语新闻的语言特点与翻译》［J］．新闻与写作，2019(9)：117.
[30] 海春花，王红香，张怀斌，等．从中学英语教师话语处理看课堂互动［J］．教学与管理，2016（21）：107-109.
[31] 韩宝民．英语新闻听力实践策略探究［J］．中国教育学刊，2012（S1）：70-71.
[32] 韩雪．英语新闻写作特点与技巧研究——评《英语新闻写作》［J］．新闻与写作，2017（2）：115.
[33] 何刚．文化设定与言语行为——语用方式的文化解释［J］．外语研究，2004（5）：7-18.
[34] 何刚．话语、行为、文化——话语信息的文化语用学解释［J］．修辞学习，2004（5）：16-22.
[35] 何刚．试论文化语用原则［J］．修辞学习，2006（5）：34-38.
[36] 何刚．论言语文化行为［J］．修辞学习，2007（6）：16-20.
[37] 何刚．话语、社交、文化——文化驱动的社会语用视角［J］．外语教学理论与实践，2011（3）：35-41.
[38] 何刚．美国话语的文化语用推理试探［J］．外国语，2018（4）：54-65.
[39] 何兆熊．语用学概要［M］．上海：上海外语教育出版社，1989.
[40] 何自然．语用学概论［M］．长沙：湖南教育出版社，1987.
[41] 何自然．语用学概论［M］．长沙：湖南教育出版社，1988.
[42] 何自然．语用学讲稿［M］．南京：南京师范大学出版社，2003.
[43] 何自然，陈新仁．当代语用学［M］．北京：外语教学与研究出版社，2004.
[44] 侯福莉，王淑花．英语新闻语篇中的“异声同啸”与语义隐含——批评话语分析的视角［J］．现代传播（中国传媒大学学报），2010（2）：150-151.
[45] 侯涛．文学语用学视角下的戏剧话语分析［J］．外语教学，2011，32（1）：16-19.
[46] 黄景春．当代红色歌谣及其社会记忆——以湘鄂西地区红色歌谣为主线［J］．民族文学研究，2017，35（3）：31-37.
[47] 黄月霞．大学英语新闻听力教学方法研究——评《大学英语新闻听力教程》［J］．新闻爱好者，2017（5）：110.
[48] 蒋夔．睄与瞧——从赣南传统采茶戏《睄妹子》谈起［J］．红楼梦学刊，2013（5）：315-324.
[49] 教育部．教育信息化十年发展规划（2011—2020年）［Z］．2011（6）：5-6.

[50] 金立．话语交际的三重解读［J］．浙江大学学报（人文社会科学版），2005（3）：113-120.
[51] 荆兴梅，冯敬玉．《爵士乐》的后现代性及其语用学阐释——文学语用学的一个范例［J］．外语学刊，2010（6）：132-134.
[52] 赖彦，辛斌．英语新闻语篇互文修辞功能分析——从评价理论的视角［J］．当代修辞学，2012（3）：25-32.
[53] 李波．从意识形态视角审视网络涉华英语新闻标题汉译中的问题［J］．中国海洋大学学报（社会科学版），2017（6）：111-115.
[54] 李冬辉．英语新闻听力教学理论与方法改革研究——评《大学英语新闻听力教程》［J］．领导科学，2019（10）：2.
[55] 李端阳，王志军．基于语料库的海关新闻英语语域特征多维分析［J］．西安外国语大学学报，2019，27（1）：27-32.
[56] 李海芳．用英语新闻提升大学生听力水平［J］．新闻战线，2015（1）：170-171.
[57] 李红喜．苏区精神的内涵和表现［N］．人民政协报，2017-09-07（9）.
[58] 李敬谊．小学英语教师课堂教学语言有效性的表现［J］．教学与管理，2018（33）：116-118.
[59] 李君华．英语新闻写作技巧——评《英语新闻写作》［J］．传媒，2018（24）：99-100.
[60] 李秀．英语教师课堂话语的学科特性及规范要求［J］．教学与管理，2016（30）：104-106.
[61] 李雪玲．民间“丑”的意趣和乡土“美”的升华——从赣南采茶舞的化丑为美说起［J］．民族艺术研究，2015，28（3）：73-80.
[62] 李晔，赵冬梅．《大学英语》微课程教师话语调查及其教学效用分析——以第一届中国外语微课大赛获奖作品为样本［J］．外语电化教学，2015（5）：15-20.
[63] 李晔，赵冬梅．大学英语课堂里的意义协商与输出优化［J］．东北师大学报（哲学社会科学版），2016（3）：131-135.
[64] 梁柏樺．数字媒体环境下英语新闻的阅读教学［J］．新闻界，2012（8）：76-80.
[65] 廖英，张月丽．利用课堂观察法探讨外籍教师的教学特点［J］．中国成人教育，2015（5）：121-123.
[66] 刘国强，汪华．多模态英语课堂话语效应研究［J］．中国教育学刊，2018（S1）：188-190.
[67] 刘金龙．英语新闻标题中的修辞格及其翻译［J］．中国科技翻译，2011，24（2）：45-49.
[68] 刘金龙，戴莹．英语新闻标题中的仿拟辞格及其翻译研究［J］．上海翻译，2012（4）：31-35.
[69] 刘文洁．《花园茶会》的文学语用学解读［J］．长江大学学报（社会科学版），2017（2）：61-65.
[70] 刘小兰．红色歌谣在学校教育中的价值［J］．江西教育科研，2007（9）：40-41.
[71] 刘永兵，张会平．基于语料库的中学英语课堂的规约话语研究［J］．外语与外语教学，2010（4）：14-17.

［72］刘云．中央苏区文化艺术史［M］．南昌：百花洲文艺出版社，1998.
［73］吕京，郑艳，吕丁．论改善英语翻转课堂教师话语的策略［J］．中国教育学刊，2015（11）：82-84.
［74］宁翠叶．体育院校大学英语 EAP 教学——体育英语新闻阅读教学的实证研究［J］．外国语文，2017，33（4）：149-154.
［75］彭利元．走出扶手椅，迈向田野——马林诺夫斯基语境论发展评析［J］．外语与外语教学，2008（9）：55-58.
［76］戚亚军，庄智象．课堂话语研究的范式演进与实践转型——从“会话”走向“对话”［J］．外语教学，2017，38（6）：52-57.
［77］钱冠连．汉语文化语用学［M］．北京：清华大学出版社，2002.
［78］冉永平．语用学：现象与分析［M］．北京：北京大学出版社，2006.
［79］冉永平，黄旭．人际关系的语用学研究［J］．外语教学，2019，40（2）：19-25.
［80］冉永平，赖会娣．虚假拒绝言语行为的人际语用理据分析［J］．外语学刊，2014（2）：65-70.
［81］任崇芬，王淑怡．语用学简论［M］．重庆：西南师范大学出版社，2018.
［82］任桂婷．论提高英语新闻听力理解能力的策略［J］．山西财经大学学报，2012，34（S2）：138.
［83］盛辉．跨文化视角下电视英语新闻的翻译策略［J］．当代电视，2015（11）：40-41.
［84］史芳芳，吴恙君．赣南采茶戏曲牌音乐探索——评《江西赣南采茶戏歌舞艺术》［J］．中国教育学刊，2019（1）：121.
［85］水娟．大学英语新闻听力课程教学理论与改革发展研究——评《大学英语新闻听力教程》［J］．教育发展研究，2019，38（10）：86.
［86］司显柱．论我国对外英语新闻翻译及传播效果研究［J］．外国语文，2016，32（3）：109-115.
［87］陶雪城，张萍．基于自建语料库对 NBA 英语新闻标题的分析［J］．东南大学学报（哲学社会科学版），2010，12（S1）：165-172.
［88］滕飞．大学英语课堂中的教师提问研究［J］．教育理论与实践，2017，37（30）：40-42.
［89］涂靖．文学语用学：一门新兴的边缘学科［J］．外国语（上海外国语大学学报），2004（3）：51-56.
［90］涂靖．文学语用理论体系构想［J］．外语学刊，2011（2）：88-91.
［91］王春姣．中美教师课堂教学的话语反馈比较［J］．教育理论与实践，2018，38（11）：56-58.
［92］王红，赵蔚，孙立会，等．翻转课堂教学模型的设计——基于国内外典型案例分析［J］．现代教育技术，2013，23（8）：5-10.
［93］王江汉．低权势下拒绝言语的语用策略［J］．江西社会科学，2017，37（10）：244-249.
［94］王天华．英语新闻听力教学中的评价结构分析［J］．黑龙江高教研究，2015（10）：129-131.

[95] 王恬．网络英语新闻融入大学英语教学的策略［J］．新闻战线，2015（6）：131-132.
[96] 汪婷婷，黄秋文．英语灾难新闻报道者意向研究［J］．信阳农业高等专科学校学报，2012，22（3）：78-80.
[97] 汪婷婷，王珍平，熊灵燕．红色歌谣语气系统的人际意义研究——以赣南苏区红色歌谣为例［J］．江西理工大学学报，2012，33（6）：132-134.
[98] 汪婷婷，邹晓萍，曾繁健．高校英语教师课堂规约话语范式及功能研究［J］．江西理工大学学报，2016，37（4）：79-83.
[99] 王卫新．暴力的"礼貌原则"——福尔斯《可怜的 Koko》的文学语用学解读［J］．外语研究，2012（6）：85-88.
[100] 王卫新，朱静怡．说者现在与故事现在——福尔斯《丹尼尔·马丁》的文学语用学解读［J］．浙江外国语学院学报，2013（2）：45-50.
[101] 王唯茵．微课程支撑下的翻转课堂弊端及改进策略［J］．当代教育科学，2014（22）：37-38.
[102] 王汶成．论作为"劝导"的文学言语行为［J］．烟台大学学报（哲学社会科学版），2016，29（4）：37-42.
[103] 王汶成．作为言语行为的文学话语［J］．文学评论，2016（2）：65-71.
[104] 王汶成，高岩．论文学话语的语用特性［J］．思想战线，2016，42（3）：154-158.
[105] 汪宇，蒋艳．从戏曲旅游看非物质文化的开发利用［J］．财经问题研究，2016（S2）：144-147.
[106] 王予霞．中央苏区文化教育史［M］．厦门：厦门大学出版社，1999.
[107] 魏丽英．英语新闻翻译的常见问题研究——评《英语新闻翻译的常见错误辨析》［J］．新闻与写作，2017（9）：119.
[108] 文洁．大学英语新闻听力个案分析［J］．西南民族大学学报（人文社会科学版），2012，33（S1）：202-204.
[109] 吴军．从 LSWE 语料库看英语新闻语言特征［J］．新闻爱好者，2010（7）：44-45.
[110] 习近平．在纪念中央革命根据地创建暨中华苏维埃共和国成立 80 周年座谈会上的讲话［N］．人民日报，2011-11-05（3）.
[111] 咸修斌，孙晓丽．自然模式亦或教学模式——基于大学英语优秀教师课堂话语语料分析［J］．外语与外语教学，2007（5）：37-41.
[112] 肖艳平．赣南客家礼俗音乐崇祖现象的故事形态学分析［J］．中国音乐学，2017（2）：105-111.
[113] 辛斌．批评语言学与英语新闻语篇的批评性分析［J］．外语教学，2000（4）：44-47.
[114] 辛斌．批评语篇分析的社会和认知取向［J］．外语研究，2007（6）：19-24.
[115] 徐腊梅．红色歌谣［M］．南昌：江西高校出版社，2007.
[116] 徐友渔．精神生成语言［M］．成都：四川人民出版社，1997.
[117] 杨加印，彭爽．对外汉语教师话语研究述评（1997～2017）［J］．文艺争鸣，2018（7）：205-208.
[118] 杨金蕊，刘晓青．运用网络英语新闻促进大学英语教学的实证研究［J］．山东外语教学，2012，33（2）：68-73.

[119] 杨蔚. 英语新闻写作的语际语用学特征研究 [J]. 新闻战线, 2014 (12): 140-141.
[120] 阳振乐, 杨晓安. 红土地铸就精神高地 [N]. 人民日报, 2015-03-06 (22).
[121] 余阳. 网络体育英语新闻标题研究——基于语料库语言学的研究方法 [J]. 西南民族大学学报 (人文社科版), 2010, 31 (7): 151-154.
[122] 袁兰, 刘平. 基于语音库的英语专业学生拒绝言语行为研究——以拒绝主动提供为例 [J]. 西安外国语大学学报, 2018, 26 (4): 62-67.
[123] 袁婷. 英语新闻标题翻译策略 [J]. 青年记者, 2015 (23): 41-42.
[124] 曾文雄. 文学语用学翻译思想 [J]. 广西社会科学, 2006 (8): 150-154.
[125] 张德禄, 覃玖英. 语义波理论及其在教师课堂话语分析和建构中的作用 [J]. 外语教学, 2016, 37 (2): 52-55.
[126] 张弓. 教师课堂话语的三种组织形式分析 [J]. 教育理论与实践, 2017, 37 (23): 9-10.
[127] 张宏伟, 唐俊红, 杜小梅. 英语新闻写作的原则与实践——评《英语新闻写作教程》[J]. 传媒, 2016 (16): 91.
[128] 张立英, 徐勇. 基于英语新闻报道语料库的时体分布及语篇功能 [J]. 外语研究, 2018, 35 (3): 19-24.
[129] 张丽丽. 探究大学英语新闻听力教学现状及对策——评《大学英语英语新闻听力教程(新)》[J]. 新闻爱好者, 2017 (7): 99-100.
[130] 张明仙. 教师语言艺术实训教师 [M]. 昆明: 云南大学出版社, 2009.
[131] 张树铮. 语言学概论 [M]. 武汉: 武汉大学出版社, 2012.
[132] 张亚娟. 英语新闻报道在英语教学中的应用 [J]. 新闻战线, 2015 (8): 125-126.
[133] 张允, 朱章华. 小学英语教师课堂话语中的语用失误研究 [J]. 教学与管理, 2016 (21): 86-88.
[134] 张中美. 英语新闻阅读在大学英语教学中的应用 [J]. 新闻战线, 2015 (6): 109-110.
[135] 郑浩, 王永顺. 语料库视角下运动员媒体应答语用策略研究 [J]. 体育与科学, 2019, 40 (1): 75-82.
[136] 赵敦华. 现代西方哲学新编 [M]. 北京: 北京大学出版社, 2001.
[137] 赵清丽. 小学英语课堂知识有效建构的语义波模式 [J]. 教学与管理, 2019 (18): 95-97.
[138] 赵婉孜, 刘风光. 文学语用学的理论特征与范式 [J]. 东北师大学报 (哲学社会科学版), 2011 (1): 143-146.
[139] 赵晓红. 大学英语阅读课教师话语的调查与分析 [J]. 外语界, 1998 (2): 18-23.
[140] 郑丹清. 英语新闻写作特征研究——评《英语新闻写作教程》[J]. 新闻与写作, 2019 (10): 115.
[141] 郑虹. 英语新闻的写作形式和语法特点 [J]. 新闻爱好者, 2011 (16): 98-99.
[142] 中国作家协会江西分会. 红色歌谣 (上册) [M]. 南昌: 江西人民出版社, 1959.
[143] 周利生, 王钰鑫. 充分发挥红色文艺培育社会正能量的功能——以红色歌谣在苏区政治动员中的运用为例 [J]. 毛泽东邓小平理论研究, 2019 (4): 102-107.

[144] 周星，周韵．大学英语课堂教师话语的调查与分析［J］．外语教学与研究，2002（1）：59-68.
[145] Allami H, Naeimi A. A cross-linguistic study of refusals: An analysis of pragmatic competence development in Iranian EFL learners [J]. Journal of Pragmatics, 2011, 43 (1): 385-406.
[146] Allwright D, Bailey K M. Focus on the Language Classroom: An Introduction to Classroom Research for Language Teachers [M]. Cambridge: Cambridge University Press, 1991.
[147] Austin J L. How to Do Things with Words [M]. Beijing: Foreign Language Teaching and Research Press, 2002.
[148] Austin J L. How to Do Things with Words [M]. Oxford: Clarendon Press, 1962.
[149] Ariel Mira. Assessing noun-phrase antecedents [M]. London: Routledge, 1990.
[150] Bakhtin M M. Discourse in the novel [A]// Holquist M, ed. The dialogic imagination: four essays by M. M. Bakhtin. Austin: University of Texas Press, 1992: 259-422.
[151] Bassmain D. Dictionary of Language and Linguistics [M]. Beijing: Foreign Language Teaching and Research Press, 2000.
[152] Beebe L, Takahashi T, Uliss-Weltz R. Pragmatic transfer in ESL refusals [A]// Scarcella Robin C, Andersen Elaine, Krashen, Stephen, eds. Developing communicative competence in a second language, Rowley, MA: Newbury House, 1990: 55-73.
[153] Bernstein B. Pedagogy, Symbolic Control and Identity: Theory, Research, Critique [M]. London: Taylor & Francis, 1996.
[154] Biber D. Investigating macroscopic textual variation through multifea-ture/multidimensional analyse [J]. Linguistics, 1985, 23 (2): 337-360.
[155] Biber D. Spoken and written textual dimensions in English: Resolving the contradictory tindings [J]. Language, 1986, 62 (2): 384-414.
[156] Biber D. Variation Across Speech and Writing [M]. Cambridge: Cambridge University Press, 1988.
[157] Biber D. Using multi-dimensional analysis to explore cross-linguistic universals of register variation [J]. Languages in Contrast, 2014, 14 (1): 7-34.
[158] Blum-Kulka S, House J, G Kasper. Cross-Cultural Pragmatics: Requests and Apologies [M]. Norwood, NJ: Ablex, 1989.
[159] Brown P, Levinson S C. Politeness: Some Universals in Language Usage [M]. Cambridge: Cambridge University Press, 1987.
[160] Carnap R. Foundations of logic and mathematics [A] In Neurath O, Carnap R, Morris C, (eds.), International Encyclopedia of Unified Science Ⅰ. Chicago: University of Chicago Press, 1938: 139-214.
[161] Chen Chaomei. CiteSpace Ⅱ: Detecting and Visualizing Emerging Trends and Transient Patterns in Scientific Literature [J]. Journal of the American Society for Information Science and Technology, 2006 (3): 359-377.
[162] Xing Chen, Ye Lei, Zhang Yanyin. Refusing in Chinese [A]//Kasper G, ed. Pragmatics of Chinese as a Native and Target Language. Hawaii: University of Hawaii, 1995: 119-163.

[163] Christie F. Classroom discourse analysis: A functional perspective [M]. London: Continuum, 2002.

[164] Clark Herbert H. Using language [M]. Cambridge: Cambridge University Press, 1996.

[165] Dalton-Puffer C. Negotiating interpersonal meanings in naturalistic classroom discourse: directives in content-and-language-integrated classrooms [J]. Journal of Pragmatics, 2005, 37 (8): 1275-1293.

[166] Demirkol T. How do we say 'no' in English? [J]. Procedia-Social and Behavioral Sciences, 2016, 232: 792-799.

[167] Ellis R. Classroom Second Language Development: A Study of Classroom Interaction and Language Acquisition [M]. Oxford: Pergamon, 1984.

[168] Fludernik M. The Fiction of Language and the Languages of Fiction: The linguistic representation of speech and consciousness [M]. London: Routledge, 1993.

[169] Fludernik M. Towards a 'Natural' Narratology [M]. London: Routledge, 1996.

[170] Freund E. The Return of the Reader: Reader-response Criticism [M]. London: Methuen, 1987.

[171] Friginal E. Twenty-five years of Biber's Multi-Dimensional Analysis: Introduction to the special issue and an interview with Douglas Biber [J]. Corpora, 2013, 8 (2): 137-152.

[172] Grice H P. The Causal theory of perception [A] Proceedings of the Aristotelian Society. Supplementary Volume 35, 1961: 121-168.

[173] Grice H P. Logic and conversation [A] In Cole P, Morgan J. (eds.). Syntax and Semantics. New York: Academic Press, 1975: 41-58.

[174] Grice H P. Studies in the way of words [M]. Cambridge, MA: Harvard University Press, 1989.

[175] Hakansson G. Quantitative studies of teacher talk [A] In Kasper (ed.). Learning, Teaching and Communication in the Foreign Language Classroom. Aarhus: Aarhus University Press, 1986.

[176] Heznl V. Foreign talk in the classroom [J]. International Review of Applied Linguistics, 1979, XVII: 159-165.

[177] Huang Yan. Pragmatics [M]. Oxford: Oxford University Press, 2007.

[178] Hughes S Glyn. A Handbook of Classroom English [M]. Oxford: Oxford University Press, 1993.

[179] Iser W. The Implied Reader [M]. Baltimore: The Johns Hopkins University Press, 1974.

[180] Iser W. The Act of Reading: A Theory of Aesthetic Response [M]. Baltimore: The Johns Hopkings University Press, 1978.

[181] Jucker Andreas H. Pragmatics in the History of Linguistic Thought [A] In Keith Allan, Kasia Jaszczolt (eds.), The Cambridge Handbook of Pragmatics. Cambridge: Cambridge University Press, 2012a: 495-512.

[182] Keith Brown, et al (eds.). Encyclopedia of Language and Linguistics [M]. 2nd ed. Oxford: Elsevier, 2005: 255.

[183] Kumaravadivelu B. Maximizing Learning Potential in the Communicative Classroom [J]. ELT Journal, 1993, 47 (5): 12-21.
[184] Leech G N. Principles of Pragmatics [M]. New York: Longman, 1983b.
[185] Levin S R. Concerning what Kind of speech act a poem is [A] Proceedings of Pragmatics of Language and Literature. Amsterdam: North-Holland Publishing Company, 1976: 141-160.
[186] Levinson S C. Pragmatics [M]. Cambridge: Cambridge University Press, 1983.
[187] Levinson S C. Pragmatics [M]. Beijing: Foreign Language Teaching and Research Press, 2001.
[188] Nunan D. Language Teaching Methodology: A Textbook for Teachers [M]. Englewood Cliffs, NJ: Prentice Hall Inc, 1991.
[189] Martin J R, White P R R. The Language of Evaluation: Appraisal in English [M]. New York: Palgrave Macmillan, 2005.
[190] Mey J L. Pragmatics: An Introduction [M]. 2nd ed. Oxford: Blackwell, 2001.
[191] Mey J. When Voices Clash: A study in Literary Pragmatics [M]. Berlin: Mouton de Gruyter, 1999.
[192] Morris C. Foundations of the Theory of Signs [M]. Chicago: University of Chicago Press, 1938.
[193] Morris C. Signs, Language and Behavior [M]. Englewood Cliffs, J: Prentice Hall, 1946.
[194] Nini A. Multidimensinal Analysis Tagger 1. 3-Manual [R/OL]. http: www. bfsu-corpus. org / channels/tools. (2018-2-22).
[195] Nunan D. Language Teaching Methodology: A Textbook for Teachers [M]. London: Prentice Hall, 1991.
[196] Ohmann R. Speech acts and the definition of literature [J]. Philosophy and Rhetoric, 1971b, 4: 1-19.
[197] Peacock M. Preservice ESL Teachers' Beliefs about Second Language Learning: A Longitudinal Study [J]. System, 2001 (29): 177-195.
[198] Scott M R. Wordsmith Tools [M]. Oxford: Oxford University Press, 1996.
[199] Searle J R. Speech Acts: An Essay in the Philosophy of Language [M]. Cambridge: Cambridge University Press, 1969.
[200] Searle J R. Indirect Speech Acts [A] In Peter Cole and Jerry Morgan, eds. Syntax and Semantics 3: Speech Acts. New York: Academic Press, 1975: 59-82.
[201] Searle J R. A Taxonomy of Illocutionary Acts [A] Gunderson K, ed. Language, Mind and Knowledge: Minnesota Studies in the Philosophy of Science. Minneapolis: University of Minnesota Press, 1975.
[202] Searle J R. A classification of illocutionary acts [C] Andy Rogers, Bob Wall, John P Murphy, eds. Proceedings of the Texas Conference on Performatives, Presuppositions, and Implicatures. Washington, D. C.: Center for Applied Linguistics, 1977: 34.
[203] Searle J R. Expression and meaning: Studies in the Theory of Speech Acts [M]. Cambridge: Cambridge University Press, 1979.

[204] Sell R D. Literary Pragmatics [M]. London: Routledge, 1991.
[205] Sinclair J M, Coulthard R M. Towards an Analysis of Discourse: the English Used by Teachers and Pupils [M]. Oxford: Oxford University Press, 1975.
[206] Sinclair J M, Brazil D. Teacher Talk [M]. Oxford: Oxford University Press, 1982.
[207] Stalnaker R C. Pragmatic presupposition [A] Munitz M, Unger P, eds. Semantics and philosophy. New York: New York University Press, 1974: 197-214.
[208] Tony McEnery, Andrew Hardie. Corpus Linguistics: Method, Theory and Practice [M]. Cambridge: Cambridge University Press, 2012.
[209] Widdowson H. Classic Book Review: J. R. Firth, 1957 Papers in Linguistics 1934-51. International Journal of Applied Linguistics 17 (3): 402-413.